重构"人·车·生活"生态圈

生态圈

非油业务从0到1的商业逻辑

田景惠⊙著

石油工业出版社

图书在版编目（CIP）数据

重构"人、车、生活"生态圈：非油业务从0到1的商业逻辑 / 田景惠著.
—北京：石油工业出版社，2017.9

ISBN 978-7-5183-2086-8

Ⅰ．①重⋯

Ⅱ．①田⋯

Ⅲ．①加油站—经营管理

Ⅳ．①F764.1

中国版本图书馆CIP数据核字（2017）第216785号

重构"人、车、生活"生态圈：非油业务从0到1的商业逻辑

田景惠　著

出版发行：石油工业出版社

（北京安定门外安华里2区1号楼　100011）

网　　　址：http://www.petropub.com

编 辑 部：（010）64523607　图书营销中心：（010）64523633

经　　　销：全国新华书店

印　　　刷：北京晨旭印刷厂

2018年3月第1版　　2018年3月第2次印刷

710×1000毫米　　开本：1/16　　印张：17.5

字数：270千字

定价：48.00元

（如发现印装质量问题，我社图书营销中心负责调换）

序

　　非油品业务是伴随着加油站的发展而产生的，在国外已有上百年的发展历史，在中国目前还处于起步阶段。中国石油、中国石化等国内成品油销售企业将非油品业务视为支撑未来发展的蓝海产业、朝阳产业，制定宏伟蓝图，加大投资力度，组建专业机构和团队，在遍布全国各地的加油站开展种类多样的非油品业务。通俗地讲，非油品业务是指在加油站经营汽油、柴油等成品油以外的业务。纵览世界各国加油站行业的非油品业务发展实践，可以把非油品业务大体分为两大类型：与人相关的商品销售与服务，如加油站便利店内的日常生活用品、名优商品、土特产等；与车相关的商品销售与服务，如各类汽车用品与更换机油、加水、洗车、修车等服务项目。随着油品"微利化"趋势和后汽车时代的来临，以汽车为媒，在加油站打造"人·车·生活"生态圈，建设满足广大消费者多样化需求的综合服务平台，构筑缓解顾客工作和旅途疲劳的爱心驿站，已成为非油品业务未来发展的主要方向。

　　国内外非油品业务发展实践证明，随着成品油市场的逐步成熟，加油站经营会进入微利时代，加油站从单纯提供加油服务向"有加油服务的卖场"逐步转变。"旧时王谢堂前燕，飞入寻常百姓家"，汽车逐步进入千家万户后，人们的消费习惯也发生了很大转变，从去加油站加油变成加油时顺便购买其他商品，最终变成购买商品时顺便加油。与发达国家的成熟市场相比，我国的非油品业务发展无论在规模还是质量上都有不小的差距。如何利用加油站数量和区位上的优势，

1

促进加油站由单一油品销售服务向区域综合服务的功能转变，培育新的利润增长点，是新形势下油品企业必须重视、研究和实践的重要课题。"有车族""新生代""银发族"等消费群体对加油站"一站式"服务的需求越来越迫切，单纯的油品销售已经很难支撑油品企业的长远发展。当务之急，必须把发展非油品业务作为销售企业转型升级、提质增效的重要方式和手段，在加快非油品业务专业化运营、深化非油营销模式创新等方面下功夫，努力开创非油品业务发展新局面。

推动加油站服务转型不仅需要基础理论和前沿理论相结合的指导，更需要不断总结实践经验，有效规避风险，推动业务稳健发展。《重构"人·车·生活"生态圈：非油业务从0到1的商业逻辑》一书，给广大读者打开了一扇深入了解油品企业非油品业务的发展历史及业务运行的窗户，是各级领导和企业管理人员学习了解非油品业务的良师益友，是非油品业务从业人员干好业务的行动指南，更是业内专家学者研究非油品业务的基础资料。全书共分10章，既有非油品业务概述，又有实操技能。编辑过程中吸收了国内外非油品业务发展的成功经验、典型案例和知名企业的经营理念，分析了当前乃至今后一段时期非油品业务发展面临的挑战、形势和愿景，内容丰富、图文并茂、通俗易懂，是一本针对性强、操作性强、专业性强、实用性强的学习书籍。

当前，我国经济发展进入新常态，互联网+、云计算、大数据等科学技术的时代车轮，正在催生各行各业的重大变革，经济增长动力、发展模式、产业结构都在深刻调整。"一带一路"、京津冀协同发展、长江经济带战略规划"三大战略"辐射带动作用日益明显，国家级新区、产业转移示范区的新引擎、新载体、新样本作用突出。随着"互联网+"向更广阔领域拓展，现代信息技术与传统产业在协同制造、现代农业、普惠金融等领域加快融合发展，这些都为非油品业务快速发展增添了新动能。我们一定要解放思想、抢抓机遇、攻坚克难、乘势而上，汇聚发展新动能，推动业务新发展，适应经济新常态，为非油品业务硕果满枝而努力奋斗。

　　由于水平有限，书中错漏之处在所难免，敬请读者批评指正。

周兆惠

二〇一七年5月

第1章　非油品业务的发展历史

第2章　国内外石油公司非油品业务简介

第4章　加油站便利店业务

第5章　加油站汽车服务业务

第6章 加油站快餐业务

第7章 加油站广告业务

第8章 高速公路服务区业务

第9章　发展中的加油站非油品业务

第1章　非油品业务的发展历史

随着油品业务竞争越来越激烈，加油站很难获得丰厚利润，非油品业务应运而生。非油品业务是加油站业务的重要组成部分，非油品业务的发展依托于加油站平台，其发展及业务形态深受加油站发展及其商业模式的影响。因此，探索非油品业务的发展历史，主要从两个维度来看：一是加油站的历史；二是非油品业务及其各子业务的历史。这两个维度既相互联系，又彼此独立。

1.1　加油站的发展历史

加油站随着汽车的普及应运而生，从最初只是兼售油品的杂货铺逐渐发展为成熟的提供专业服务的加油站。由于人们对时间和效率的要求以及个人购买力的逐步提升，加油站的服务模式正在逐步向"人·车·生活"生态圈演变，"一站式"便利服务已经成为现代加油站行业的重要特征。

（1）加油站的产生（1886—1922）。

1886年，德国机械工程师卡尔·本茨发明世界上第一台使用汽油机驱动的三轮车，这是第一辆内燃机汽车，标志着现代汽车时代正式开始，而这台汽车试行中所需的汽油是在一家药店购买的。

伴随着汽车的广泛使用，给汽车加注汽油的需求不断扩大。在当时还没有出现加油机，所以原始加油站只是一个销售成品油的零售商店，仅仅在杂货店里放置大桶来储存汽油。人们用5加仑或更小的桶计量，经控制阀将未过滤的汽油从大桶中倒出，由于缺少加油的专业设施和技术，当时的加油过程非常笨拙，也非常危险。

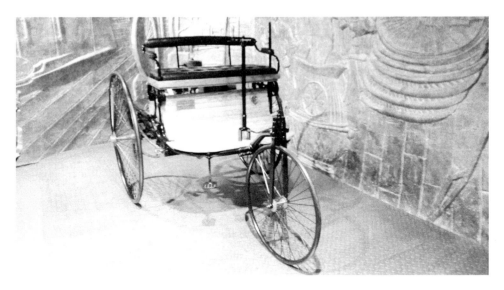

图1-1 第一辆汽车（模型）

19世纪末期，手动加油机出现，这是现代加油机雏形。手动加油机使得加油过程变得易操作。很快，专业加油站出现，并且迅速在美国普及。1905年，哈利·格伦纳和克雷姆·雷辛格在圣路易斯成立了一家汽油公司，投资建造了一座采用重力灌注方式来给汽车加油的"圣路易斯汽车加油站"，美国加油站的发展达到了一个新的高度。到1920年，美国加油站的数量高达15000座。

图1-2 汽油直接灌注到汽车油箱中

（2）加油站的标准化（1922—1946）。

1922年，美国加州西海岸标准公司总共有1841座加油站，其中经过标准化改造的200座加油站其销售额占所有加油站销售额的40%，体现出加油站标准化设计在经营方面的重要性和必要性。1927年，随着美国城市美化运动的兴起，各大石油公司先后对加油站进行重建和改造，在建筑风格、广告设计、功能定位等方面开始了全面的标准化、连锁化进程，形成了全国连锁加油站的经营模式。带动这一趋势的有壳牌、德士古和菲利普斯等大型石油公司。连锁经营模式，让大型石油公司在市场竞争中更具优势。

图1-3　初期加油站的外貌

1930年，美国的汽车保有量高达3100万辆，加油站数量也以惊人的速度在增长。1940年，美国共有23万座加油站。加油站的迅速扩张导致竞争加剧，加油站的所有者为了吸引顾客眼球，不得不在加油站样式的设计上别出心裁。在此阶段，具有诸如风车、圆锥形帐篷、飞机等外形的加油站纷纷出现，加油站外形设计大放异彩。

图1-4　独特设计的加油站视图效果

图1-5　德士古箱体建筑结构

（3）加油站的高速发展（1947—1972年）。

1947年，自助式加油站在美国加州出现，这是一种全新的经营模式，时至今日，加油站还在使用这种经营模式。自助加油服务，能够缩减加油站人工服务费用、降低油品价格，与顾客快速、低价的加油服务需求相吻合。1982年，将近七成的美国加油站都开展了自助加油服务。

20世纪50年代，美国政府大力兴建高速公路，高速公路加油站为石油企业带来新的销量增长点。

20世纪60年代，美国各大石油公司之间的竞争不断加剧，纷纷通过提升加油服务、建立统一品牌形象、增加加油站数量和提高油品质量等手段来增强自身的竞争力。加油站支付方式也在不断变化，不仅限于传统的现金或者银行卡支付，还增加了信用卡支付的新型方式。同时，大型石油公司还发行本公司的加油卡，顾客需要预付给加油站一定金额，才能拿到相应金额的加油卡。这种支付方式可以使顾客变成该公司旗下加油站的忠实顾客，并且提高了加油效率，为加油站聚拢了资金。

（4）加油站的转型（1973年到现在）。

1973年，"第一次石油危机"爆发，一年的时间里，全美国超万座加油站因为"油荒"不得不倒闭。到1990年，美国加油站仅有111657座。同时，随着新的环保法律的实施，为了减少对环境的污染，加油站要对被污染的土地进行处理，同时对旧油罐进行更新改造，许多个体加油站因无法承担高额的费用而关闭加油站，大量加油站被废弃或者被改作他用。

进入21世纪，加油站行业经过一个世纪的发展，已逐步稳定，结束了完全自由竞争的时代，主要网络集中在几家跨国石油公司旗下。这些石油巨头不断优化加油站网络的运营，在零售业务上实施专业化管理，在强化品牌竞争优势与突出差异化竞争策略的同时，发展加盟、特许等经营模式，加大对市场的控制力度。

1.2　加油站的发展趋势

（1）经营方式多元化。

为满足顾客"一站式"购物需求的增长，各国的加油站都在积极创新业务模式。加油站行业一致认为多元化的发展经营战略是创新的必经之路，各加油站在提高油品销量、扩大经营规模和提升品牌价值的同时，采用自营与合作经营相结合的方式，不仅拓宽了油品企业的发展空间，增强了企业的盈利能力，又可以规避可能因不适应多元化经营导致效益下降等风险。

在便利店业务方面，主要跨国石油公司的资产型加油站基本上以自有品牌经营为主。这样可以充分利用公司品牌价值拓展便利店业务，并把公司品牌润滑油纳入便利店统一销售，既易获得顾客的认同，便于规范管理，提升利润空间，又能促进油品的销售。如BP公司的Bpshop（BP商店）便利店、Chevron（雪佛龙）公司的Food Mart（食品超市）便利店。在汽车服务业务方面，特别是润滑油换油业务，基本是以公司品牌经营为主，如日本初光公司的汽车保养、壳牌公司的Autoserv（汽车服务）中心。在与油品关联性较弱、跨国石油公司缺少优势的领域，如需要专业管理经验和后台支持系统的快餐、住宿等业务方面，有的石油公司采取与大型连锁机构战略合作的形式引入相关服务，如Chevron公司与麦当劳合作开设汽车穿梭餐厅（Drive Thru）。

（2）服务功能人性化。

为了满足现代加油站消费者对"便利性、快捷性"的人性化服务越来越高的要求，加油站行业对本身服务的定位也越来越明确。

服务功能的人性化，可以通过以加油技术以及加油方式的变革实现服务速度和质量的提升，为消费者提供方便、快捷的服务来体现。比如加油机的演变过程，从刚开始的单、双、多枪加油机，到后来的自助加油机，就体现了现代技术对提升加油服务"便利性、快捷性"的人性化发展的重要作用。

服务功能的人性化也可以通过提高服务效率，减少加油站运营成本来表现。比如，自助加油提高了加油效率，减少顾客排队，这样就不会带来排队造成顾客满意度不高的问题。而将减少的人工成本补贴到油品价格上，为顾客提供同质低价的油品，也大大提升了顾客的满意度。

（3）品牌连锁标准化。

随着市场竞争越来越激烈，各大石油企业逐步建立相关标准来优化加油站网络布局、扩大单站规模、提升服务水平、增加油品销量、推广品牌连锁等，通过统一、规范、规模化的经营在市场中占据有利地位。比如，1996—2002年，BP公司在法国的加油站座数从810座缩减到570座，但由于对现有加油站进行了规模标准化改造，使得单站日加油量从7530升增加到9750升，实现了加油站总数量减少而单站销量上升的大好发展局面。

（4）信息智能完善化。

通过信息化技术手段来运营加油站，既能提高加油站的效率，又能降低运营成本。加油站经信息化技术手段管理后，信息的即时性便于增强油品调配的灵活性，数据准确性的提升使油品流通效率、资金周转率都得到相应的提高。高精度液位监测系统可以监测出温度影响、油品挥发和泄漏等带来的损耗，从而使加油站的损耗不断降低。在油品和非油品业务的管理方面使用电子标签，人事管理系统、物流配送管理等系统的运用都将促进整个加油站行业的效率提升。

（5）质量标准高端化。

人类开始增强"健康、安全、环保"的意识，同时政府加大对各企业和个人的环保管控力度，加油站越来越重视HSE管理，加油站建设标准得到不断优化。在设备选取上，大量采用环保型设备。

从源头上，采用更高标准来生产出能够提高燃烧系数、降低污染度的清洁型油品。比如，壳牌公司研制的99号汽油是相对来说标准较高的油品，价格要略高于无铅清洁汽油，适用于排气量3.0以上的高档轿车。同时，BP等公司在油品中使用环保添加剂，进而使油品更清洁、利于保养。尽管清洁型油品价格偏高，但由于污染小、能效高、利于保养等因素深受顾客的喜爱。

1.3 非油品业务的发展历史

1.3.1 国外非油品业务的诞生与发展

加油站行业随着汽车工业不断广泛应用而迅猛发展。但是，由于市场竞争环境下，油品质量日趋同质化，加油站硬、软件设施设备也旗鼓相当，各大石油公司无法从加油站油品销售上获得更多的利润。进而，开发非油品业务以获取新的利润增长点成为各大石油公司迫切的要求。

美国的加油站采取自营或者跨界合作开设餐饮和住宿等业务；日本的加油站主要开展与汽车相关的TBA①、保险销售、车辆检测等业务。目前，在发达国家中，超过八成的加油站通过开展各式各样的非油品业务来增加利润。

加油站非油品业务的产生与发展，既是油品企业弥补油品低利润所采取的措施，也是应对强有力的市场竞争所采用的差异化营销手段，更是站在顾客角度，满足其"一站式"购物需求的结果。国外非油品业务的发展大致经历了萌芽、发展和成熟三个阶段。

（1）萌芽阶段。

美国加油站在20世纪初，出现了油品销售以外的业务。1912年，美国路易斯安那标准石油公司在加油站设置了免费使用的洗手间，还为顾客提供冰块。此举为顾客提供了便利，因而成功引流，带动了油品销售，逐渐成为同行业效仿的对象。1950年左右，美国加油站除了为顾客提供加油服务以外，还增设了修车业务。

（2）发展阶段。

1960—1990年，各大石油公司尝试发展非油品业务。在1970年左右，美国加油站改名为"汽车服务区"，便利店随即产生。加油站提供包括清洗、检修和保养车辆，回收废油，销售日常生活用品等，种类繁多，应有尽有。从此，加油就只是汽车服务区的一部分业务。

（3）成熟阶段。

从1990年开始，各大石油公司的非油品业务逐步趋于成熟，与油品

---

①TBA一词来源于日本，由"轮胎""电瓶""车用商品"的英文大写第一个字母组成。后文将详细介绍日本"TBA"加油站汽车服务模式。

业务同等重要。欧洲国家八成以上的加油站开始经营便利店，非油品销售所带来的收入、利润占总销售的比重逐步提升。

图1-6　汽车服务、加油站、便利店综合一体

1.3.2　国内非油品业务的诞生与发展

由于欧美国家地域广、人口少，人们对既能加油又能购物的场所具有一定的依赖性，其加油站便利店的地位较高。20世纪初，美孚在上海建造加油站，这是中国第一座加油站。但在很长一段时间内，加油站只单纯地经营油品，非油品业务是作为附属品出现的。

由于进加油站的顾客还没有养成购买非油品的习惯，再加上加油站经营者只想获取高利润的经营理念，国内加油站非油品业务发展相对较慢。绝大多数加油站只是将非油品业务当作一项便民服务，视为吸引顾客进站加油的手段，没有站在竞争战略与长远发展的角度去研究和开发非油品业务。1980年左右，油品销售利润急剧下滑，许多加油站开始发展便利店和汽车服务等非油品业务。20世纪90年代末，外资石油企业进驻中国，把国外成熟、先进的非油品业务管理经验带到国内，比如中油碧辟石油有限公司带来的加油站便利店标准化运营成为国内各石油企业效仿的对象。但是，国内石油企业没有结合国内的零售市场形势、企业自身的优劣势、顾客消费习惯和需求对加油站便利店进行准确定位，经营及盈利模式缺乏一定的研究，发展相对来说缓慢并存在很多问题。

2007年，中国石油、中国石化作为国内两大巨头石油企业先后确立了非油品业务发展战略，分别成立了专属机构开展以便利店业务为主的非油品业务，所建立的便利店品牌分别为"uSmile昆仑好客"和"易捷"。

1.4　主要非油品业务

加油站究竟可以开展哪些非油品业务？这得从进站顾客自身的需求出发。进站顾客大多为有车一族，如果围绕汽车来看，可以开展洗车、保养、维修、美容等业务；如果围绕司乘人员自身需求来看，可以提供快餐、便利店、代缴费用等业务。除此之外，加油站醒目的地方可以开设广告业务，比如，在加油站的出口、入口、加油区立柱等其他广告点位及便利店内，均可以投放广告。

通俗来说，非油品业务指的是在加油站内经营除油品以外的商品或服务所涉及的业务。结合国内外加油站的非油品业务经营情况，基本分为两种：一是销售围绕"人"的商品与服务；二是销售围绕"车"的商品与服务。

1.4.1　便利店

（1）业务简介。

在加油站里，便利店是油品业务的自然延伸。在欧美国家，24小时营业的加油站便利店深受广大顾客的认同和喜爱，所占比重不断增长。自从自助加油模式得到普及后，各个石油企业的油品质量、价格差距不大，利润空间缩减，便利店就成为加油站获取利润的重要来源之一。

在加油站开展便利店业务，优势体现在：第一，许多加油站有空间直接改造便利店，无须新建店面；第二，相对于汽车服务、快餐等业务来说，便利店营业人员无须专业的技能，销售技巧简单易懂，也可以由加油员兼顾；第三，营业时间和加油站一样是24小时，具有比大型超市营业时间长的优势；第四，大型石油公司加油站良好的信誉，能够更容易地让顾客认可其经营的便利店；第五，顾客可以将车停在加油站里，方便搬运选购的商品；第六，加油站网点多、分布广，便利店可以实现规模化的连锁经营。

当然，国内加油站开展便利店业务，尚存在不足之处：一是需要重新投入资金对加油站进行建设和改造；二是加油站经营者和加油员必须增强服务意识，便利店不仅销售商品，同时还要为顾客提供高品质的服务；三是便利店单笔成交金额不高，非油品客单价相对于油品的客单价较低，经营者重视不足；四是部分便利店销售能力不足，需要加强学习；五是信息化和供应链的建设不完善，无法通过规模化经营得到规模化效益。

加油站开展便利店业务，必须做好以下几个方面：第一，明确市场竞争定位，根据加油站所处的位置确定顾客属于高端、中端还是普通消费群体；第二，确定便利店应采取何种品牌经营策略，是采用同油品一样的品牌、新品牌还是合作零售商品牌；第三，要规划供应链体系，加油站便利店因加油站存在而存在，连锁规模和24小时服务是经营优势，供应链体系包括管理品类、采购商品、分拣仓储、运输配送、处理退换货等，加油站便利店供应链可以通过自建、外包或者合资合作来实现；第四，建立便利店建设标准，使用统一的外观形象、装修风格、商品组合及陈列方式，容易让顾客辨识，带来品牌效应。

（2）发展历史。

加油站便利店是符合顾客多种需求的产物。一般来讲，一种新的零售经营形式是否具有生命力，从本质上要看这种经营形式能否更好地满足顾客的需求，即取决于顾客选择何种零售方式。加油站便利店的产生就是响应前来加油站加油的顾客的需求。

　　经济环境的充分发展和零售技术（包括经营技术和管理技术）的进步和创新是零售业态演化的重要原因。相关研究表明，人均GDP达到3000美元/年是加油站便利店业务发展的重要分水岭。零售技术的进步是零售业态演化的条件，它提供了新型零售业态产生的可能性，如信息系统是实现标准化、规范化、专业化、精细化管理的有力工具。

　　全世界第一座加油站诞生后，经过许多年的发展，特别是随着战后美国汽车文化的流行，加油站越开越大，功能越来越多，包括大型停车场、汽车用品销售等。到了20世纪50年代，加油站的竞争已经开始延伸到热食、干净的卫生间服务和可选择的机油检测，另外也零星地尝试顾客自助加油；但是，真正意义上的加油站便利店是从20世纪60年代末开始兴起的，特别是随着自助加油技术的发展，高速和便捷的理念开始成为加油站的竞争主题。BP石油公司1965年就在英国埃塞克斯郡投资建设了第一座自助加油站，不仅可以自助加油，而且可以提供自助洗车服务，同时还开展糖果、小吃、热饮和香烟的销售。壳牌、BP等传统石油公司加油站陆续开展便利店业务，并取得了不错的效果。20世纪80年代以后，这种"便利店＋加油站"的连锁经营形式在美国广泛开展，随后又引入了大型超市、休闲、快餐、汽车维修等服务。

图1-7　早期的自助加油机

　　在我国，加油站便利店仍处在成长期，随着汽车保有量逐年增长，人们对加油站便利店的需求越来越迫切。顾客需求是赢得市场的抓手，据不完全调查显示，有八成的国内加油站顾客愿意尝试购买便利店出售的商品。同时，油品业务利润的走低加速了加油站便利店的成长。预计不远的将来，加油站便利店将会成为加油站总利润的重要组成部分，中国石油的"uSmile昆仑好客"、中国石化的"易捷"、壳牌便利店、中化道达加油站便利店均形成了一定的市场规模。国内加油站便利店业务的发展日益成熟，便利店在整个加油站的地位也在逐步提升。

专栏1：美国加油站便利店

美国拥有世界上最大的加油站市场，其发展在很大程度上扮演了风向标的角色，加油站便利店也是如此。美国的加油站市场是开放市场，市场经营者在完全市场化的环境中经营加油业务。基本上每座加油站都有便利店。如果从经营效果来看，甚至可以说，是便利店经营者在从事加油业务。

加油站便利店在美国零售行业的地位显著，人们习惯到加油站便利店购买日常用品。美国的普通民众中流传着这么一句话："可以一日无政府，不可一日无加油站便利店。"在美国，平均每2100人就拥有一座便利店；美国人每消费25美元，就有1美元是在便利店花出去的；每座加油站便利店每天平均有1100人进店，全年服务人口高达40余万；每天进便利店的总人口高达1.6亿。

美国便利店零售协会NACS（National Association of Convenience Stores），成立于1961年8月14日。NACS是一个国际贸易协会，拥有超过2200个零售商和1600个供应商公司成员。NACS展会是美国最大的50个贸易展览会之一。2002年起，NACS与石油设备学会（PEI）联合举办展会，展示石油零售行业的最新设备及成果。2016年NACS展会延续了以往的规模，超过1000家企业参展，来自约50个国家和地区的近2.4万名来宾参观了展会，展览面积达3.6万平方米。展会除展示最新产品和服务外，还邀请行业专家开展了数十场专题研讨会、论坛，涉及快餐业、燃料经营、商品品类管理等内容，交流相关领域的最新研究成果。NACS展会之所以举办得如此成功，还有一个关键因素就是整合多方资源。每年的加油站便利店展都邀请美国石油设备学会（PEI）共同举办，PEI是设在美国俄克拉何马州塔尔萨市的一个非营利性组织。该学会会员包括石油设备制造经营者、经销商、石油营销服务商和液体控制设备提供商等。

1.4.2 汽车服务

（1）业务简介。

加油站作为人车驿站，在发展汽车服务方面具有得天独厚的地理优势，受到加油站经营者和汽车服务业者的青睐。汽车服务业务涵盖9项内容：销售新车、维修汽车、销售汽车用品、交易二手车、租赁汽车、停车场服务、汽车金融、汽车文化和汽车技术服务平台等。概括来说，汽车服务包含汽车后服务，汽车后服务包含汽车维修。汽车服务业务指的是汽车从制造厂出厂后所涉及的各种服务（不含加油业务）。汽车后服务是指汽车在售出后遇到状况需要修理和保养过程中，所需的零配件、汽车用品及其他相关服务。汽车维修是对遇到状况而影响正常功能的汽车提供恢复，延长汽车使用寿命所展开的维护、修理以及救援等相关服务。汽车服务、汽车后服务、汽车维修三者之间是递进包含关系，汽车服务的概念最宽泛，汽车后服务次之，

图1-8　有洗车房的加油站

汽车维修的范围相对最小。

在国外，加油站开展汽车服务业务已近百年，这项业务已成为加油站非油品业务必不可少的部分之一。目前，美国有超过1/10的加油站有洗车业务，加油站已经成为一个综合性服务平台。在欧洲，由于严格的环保法规，加油站承担了专业洗车运营商的角色，成为提供洗车服务的主要渠道。在日本，汽车服务业务开展得更为全面，可为车辆更换轮胎及蓄电池，同时销售汽车备用配件，推出汽车美容和洗车服务等，其汽车用品销售份额占汽车用品市场的18%，汽修保养服务份额占汽修市场的10%，洗车份额占洗车市场的90%。

国外加油站汽车服务业务发展已至成熟阶段，而我国该项业务尚处在初级阶段。这就意味着，中国加油站汽车服务业务的发展空间很大。从业务具体来看：①洗车服务成为汽车日常需求，车主自己洗车以及简陋的洗车服务点慢慢被有一定规模的中高端洗车场所所取代；②汽车用品消费将持续增长，随着我国汽车越来越多，汽车用品的市场需求也

图1-9 韩国加油站汽车换油现场

越来越大；③汽车美容和保养同样是增收创效的途径之一，随着生活质量的提高，人们对汽车的爱护日益深切，对汽车的美容、保养以及换胎等都倾向于选取正规的汽车服务连锁经营品牌。而上述这些正是石油销售企业开展汽车服务业务的优势所在。

（2）国外发展状况。

从20世纪30年代开始，为满足车主的延伸需求、提升加油站综合盈利能力，美国、欧洲、日本等发达国家的加油站普遍开展了汽车服务业务。经过多年的经营和发展，目前都已成为加油站重要的非油品业务之一。由于各国汽车服务市场管理政策的差异，其加油站汽车服务业务呈现出不同的发展特点。

①美国加油站汽车服务业务。

美国加油站从事汽车服务的历史最早可以追溯到20世纪20年代后期，几乎和美国汽车后市场同时诞生。由于那时汽车存在不稳定性，加油站开始提供简单的，诸如修车、保养等汽车服务。1929—1932年世界经济危机期间，美国国民收入锐减50%，250万辆汽车被停用，加油站利润受到很大冲击。1930年，东部得克萨斯州开发的新油田使汽油产量大增，汽油价格快速下跌，从上一年的每加仑17.9美分下调到每加仑10美分，下降幅度达到44%。恶劣的形势使得美国加油站经营者不得不依靠加油以外的服务项目创造更多的利润。20世纪20年代曾经开展的多元化业务成为所有加油站的新选择，换油、轮胎、电瓶及其他汽车用品相关业务全面开展。气动举升设备使用后，加油站增加了润滑区和检修区。为了提高工作效率，加油站配备了各种换油工具和设施，员工经过专业培训，汽车服务成为加油站标准服务项目，一度下滑的销售额由此得以重新提升。20世纪40至50年代，加油站开始提供汽车美容、修理及配件销售服务，汽车服务的业务范围进一步扩大。1960年，加油站开始出现洗车设备。

20世纪70年代爆发了石油危机，从1973年到1981年，燃油价格上涨约3.3倍，深刻改变了美国人的买车、用车习惯，主要表现在以下两个方面。①追求奢华、不考虑油耗的美国车商受到沉重打击，日本经济型汽车的市场占有率迅速提高。1973年到1981年，轿车每燃烧Ⅰ加仑的汽油平均行驶里程从13.3英里上升到15.7英里。②车辆平均行驶里程在减少，同期平均行驶里程数从9800英里减少到8700英里。1973年到1981年，上述两大因素使每辆车每年消耗的燃油量从736加仑减少到555加仑，降低了25%。

在"买车容易、养车难"的背景下，消费者迫切需要简化产品流通渠道，降低汽车服务成本。1974年美国最大的快速换油连锁企业Jiffy Lube（捷飞洛）成立，将汽车油液更换从汽车修理厂分离出来，通过标准化作业提高了服务效率，平均14分钟即可完成常规保养，迅速开辟了汽车专业换油市场。1979年，爆发第二次石油危机，汽车价格高昂，人们追求更加经济实惠的汽车服务方式。同年，美国最大的汽车配件销售商Autozone（汽车地带）成立，其主要为DIY车主服务。在此期间，规模较大的加油站经营者开始品牌化、连锁化经营汽车服务业务，迎合了消费者对于便利性和经济性的需求，加油站作为综合性汽车服务站的概念被广泛接受，基本上都会为顾客提供加油、便利店、快餐、汽车维修、保养等服务。

最近20年，美国汽车后服务市场呈现连锁化经营、专业化运作的鲜明特点，具体来说是：充分利用全球经济一体化带来的便利，通过全球采购，实现低价、优质的零配件供应；通过汽车维修、养护等终端服务场所，提供从洗车、零配件销售到汽车修理在内的全套服务。可以说，汽车后服务市场分工精细，专业、连锁、标准化的经营模式贯穿汽车后服务市场。

随着现代汽车电子化水平的提高，汽车修理的技术含量也进一步提升；同时由于汽车服务专业化分工带来的竞争优势，技术复杂的汽车修理项目逐渐退出加油站。加油站根据自身特点，着力发展洗车、快速保养、轮胎更换等汽车用品销售等业务。2010年，美国加油站实现汽车服务销售收入106亿美元，约占汽车后服务市场总体份额的3.5%。

②德国加油站汽车服务业务。

德国法律规定不允许车主自行洗车，以防止污染环境。严格的环保法规催生了专业洗车市场，通过全自动洗车机完成洗车污水的回收利用。城市加油站利用其场地和专业设备普遍开展洗车业务，承担了专业洗车运营商的角色。

由于专业的品牌汽车经销商、快修站以及汽车配件零售商已经基本垄断了德国汽车服务市场，高速公路加油站主要利用场地优势，招聘专业人员开展洗车、汽车维护等综合性汽车服务项目，解决车主出行问题。

③日本加油站汽车服务业务。

在日本，开拓服务范围、开发与汽车相关的服务业务、提高非油品业务效益同样是加油站发展的重点。这一背景催生了亚洲最发达的加油站汽车服务商业模式—"TBA"模式。"TBA"是"轮胎""电瓶""车用商品"的英文首字母缩写，以进站汽车为服务对象，以免费车辆检查和提供车辆保养建议为手段，以洗车、美容、保养为配套服务，主要经营轮胎、电瓶和汽车用品的一种经营模式，其实质是结合加油站特点发展的提供特定汽车服务的商业模式。

"TBA"模式主要优势在于：第一，销售汽车常用的标准化配件，选择切入容量较大、发展稳定的细分市场，在收益得到保障的同时，通过批量采购有效控制成本，扩大利润空间，其毛利空间大于一般便利店商品。第二，可以提供标准化的汽车服务，技术难度一般不高，风险较小，但足够满足汽车常规保养需求。汽车常规保养服务项目主要为车用油液、轮胎、电瓶、雨刮片、灯泡等零配件的定期更换。上述零配件均属标准化汽车用品，单一型号可适用多种车型，拆装服务相对简单，可实现流程化作业。

加油站通过提供"TBA"服务，满足车主的主要养车需求，在日本车多地少、交通拥堵、国民生活节奏普遍较快的国情下，无疑为车主提供了极大的便利，体现出明显的竞争优势。在"TBA"服务之外，日本加油站获得政府授权开展检车业务，成为加油站汽车服务的另一项重要内容，也是加油站重要的收入来源之一。加油站通常将检车业务和"TBA"业务进行组合促销，以吸引更多顾客，提高汽车服务业务竞争力。

图1-10海报显示，进行一次检车服务额外提供免费救援、免费检查、每半年的免费检修、免费洗车一次，维修服务折扣最高达6000日元。

洗车是日本加油站提供的汽车服务业务中最为重要的一部分，在各加

图1-10 日本加油站与汽车服务业务有关的海报

油站普遍开展。日本主要品牌澳得巴克斯、黄帽子、24H洗车、巴忧思快洗队，以上企业共占日本整个洗车市场95%份额。

20世纪60年代，日本汽车用品市场份额中修理汽车厂占50%，销售汽车公司占30%，其他一些专业店占20%。车辆日益增加，逐渐显露出这些企业的网络局限性。在加油站"TBA"销售模式逐渐形成后，市场格局发生了翻天覆地的改变。2000年，市场份额已变为汽车用品店占30%、汽车销售公司占28%、加油站占18%、专业店占15%、修理厂占9%。激烈的市场竞争下，油品销售利润日益缩减，而相关加油站"TBA"带来的利润已成为加油站利润的主要来源。据统计，汽油、柴油销售利润仅占46%，非油品业务利润却占了54%。

为进一步发挥"TBA"模式的优势，整合供应链，较大的日本加油站经营者成立专业化公司进行"TBA"连锁化、规模化运行，强化特色

服务项目开发、人员专业培训及商品采购、配送等方面的优势（日本加油站汽车业务价值链构成见图1-11）。

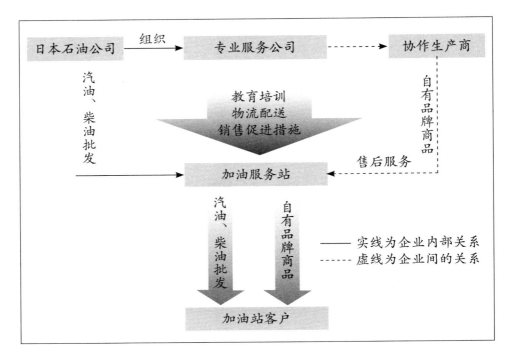

图1-11 日本加油站汽车服务业务价值链构成

目前，日本加油站汽车用品销售份额已占汽车用品市场的18%，汽修保养服务份额占汽修市场的10%，洗车份额占洗车市场的95%。

（3）国内发展现状。

20世纪90年代初期，国内民营加油站出现汽车服务的雏形，业务相对简单，主要是为过往客运和货运车辆提供汽车轮胎修补和简单的人工洗车业务，满足运输线路相对固定的客货车司机的需求，使之成为加油站的固定顾客，以便实现增加油品销量的目的。在中国加入WTO之前，加油站汽车服务业务无论是发展规模还是经营深度和广度都没有出现明显变化，经营目的始终服务于油品销售业务，未作为单独业务来经营。中国加入WTO以后，国外先进的加油站服务理念被带到国内，国内加油站开始采用自营、合资合作和租赁等多种方式开展加油站汽车服务业务。国内主要大型石油公司也在局部开展了汽车服务业务的试点，部分试点站已取得了一定成效。

经过近几年的发展，加油站汽车服务项目已包含洗车、汽车美容、汽车商品、换油保养、轮胎快修等多种服务项目，服务范围和服务能力都有了质的飞跃。但是，国内加油站外包或租赁经营的汽车服务相对来说还算成功，而自营业务尚不成熟。由于分属不同的经营主体，资源无法共享，文化互不相容。此种情况下的加油站汽车服务业务，仅仅在形式上作为加油站综合服务的一部分，实质上业务完全割裂，组合促销偶尔为之，难以形成经营合力，达不到油非互动、油非互促的业务开展初衷。即使加油站经营者能够积极主动开展汽车服务业务，但由于企业体制或者专业技能知识的匮乏或者局限，很少有成功案例，面临市场的竞争往往还是力所不及，还未达到稳定的可以规模化连锁经营，发展模式尚不成熟，仍处于初级发展阶段。

1.4.3　餐饮服务

（1）简述。

部分加油站由于所处地理位置和占地面积较大，在保证安全的前提下，可以开展餐饮、住宿等业务，为途经此地的司乘人员提供便捷的餐饮住宿服务，以此作为增加收入的一个渠道，同时还能为加油站其他业务引流。1970年左右，国外加油站开始尝试开展餐饮业务，最先开始的是美国洲际公路餐厅。随着发展的不断深入和积累，现在该业务已成为加油站非油品业务中的主流趋势。如果在国内加油站为顾客提供优质的餐饮住宿服务，势必会带来新的机遇。

加油站餐饮业务的产生具有较为坚实的市场基础。一是出于时间的压力，司乘人员有在路上解决餐饮问题的需求；二是消费者的品牌追求，消费者对于知名品牌有认同感；三是餐饮服务的高毛利可以弥补燃油销售毛利逐年下降的不利影响。

（2）国外发展状况。

2015年，美国便利店店内销售额达到2258亿美元，同比增长5.8%。

就业率增加、燃油价格下降带来进站人数以及商店数量的增加，提升了便利店行业的销售额。快餐服务业务占店内销售比例为20.9%，平均销售额为40万美元，平均毛利21万美元，毛利贡献率为33.96%，销售占比和平均销售额位居香烟之后，排名第二，但是毛利贡献率最高，是店内毛利最大贡献者。从食品类别来看，由于消费者越来越注重健康，无脂、低脂、减脂以及低卡路里的食品越来越受欢迎。纵观国际加油站市场不难看出，在加油站提供快餐服务，已经成为行业发展的趋势之一。

（3）国内发展状况。

目前，我国加油站的快餐业务刚刚起步，还不够成熟，大多仅停留在便利店为顾客提供简单的即食快餐层面上，比如方便面、烤肠、豆浆、果汁等。高速服务区加油站相对来说好一些，主要是由于3个方面的情况：一是高速公路分布广致使服务区数量多；二是车流量、人流量较大，并且国家有关法律规定长途汽车司机驾驶4小时需要休息20分钟以上，司机一般会选择在高速公路服务区休息；三是长途驾驶，人和车都需要补充能量，高速公路服务区既能给车加油又能给人提供食物。

由于激烈的市场竞争，人员、设备和土地等的成本不断上涨，加油站油品利润空间随之变小，而快餐业务能够带来高额的利润回报，成为非油品业务中重要的组成部分。加油站开展快餐业务受到很多因素的制约：一是我国颁布的《汽车加油加气站设计与施工规范》（GB50156-2012）中明确规定了加油站使用明火的相关要求，开展快餐业务免不了要"起火烧饭"，但使用明火受到限制并存在着一定的安全隐患；二是顾客在加油站用餐习惯尚未形成；三是缺乏专业餐饮服务支持，由于人员数量的限制，加油站管理者和员工需要掌握一定的餐饮服务专业技术，相对较困难。

汽车从早期的奢侈品演变为家庭生活必需品，汽车保有量逐年递增，中国势必成为车轮上的国家，选择方便的中式和西式快餐也成为人们饮食习惯的趋势。国家商务部建议以发展加油站便利店为契机，建立健全集加油、购物、用餐、休息、汽车保养与维修等为一体的综合服务体系，积极发展非油业务。总体上来说，目前，国内加油站快餐业务还处于发展之中。

1.4.4　广告业务

（1）简述。

加油站广告业务在加油站这一特定环境中，成为连接广告主和受众的纽带。这一商业行为涉及广告主、广告代理商、加油站资源方、内容资源方、受众等多个方面。加油站媒体主要分为多媒体和平面媒体。多媒体多采用目前技术相对成熟的LED和LCD等终端设备，动态的画面和声音相结合的传播形态使它比其他媒体形式更容易被受众接受。平面媒体则主要包括常见的六面翻灯箱、墙体挂板、龙门机看板等。

1）加油站广告业务的特点。

①加油站的广告效果好。这体现在以下几个方面：与目标群体零距离接触；传播信息集中，无干扰；消费者驻足时间稳定了广告的成功到达率；与目标群体可实现面对面互动。

②加油站的广告受众人群多。加油站的广告受众人群具有以下几个特征：人口增长快，近5年来中国机动车驾驶人员以每年超10%的速度增长；目标人群明确、稳定，除驾驶人员外更可辐射到加油站周边的行人和附近的居民；目标人群主要为具有消费能力的高层次人群以及大型车辆驾驶人群。加油站的广告受众人群是社会的精英阶层，有稳定的经济基础和良好的教育背景，他们易于接受新事物，有先进的消费理念，消费行为活跃，是社会的主流消费群体。

③加油站媒体比传统媒体更灵活多样。与传统媒体相比，加油站媒体受众的消费方式发生了改变。数字技术终结了单向传播模式，三网合一后终端界面的功能可以快速改变。

2）加油站户外媒体的优势。

作为能够近距离地与高端人群直接接触的媒体，加油站媒体广告具备了独一无二的资源优势。一是全国一体化网络。例如，中国加油站覆盖全国，是国内目前单屏数量最多、覆盖范围最广的媒体发布平台之一；媒体网点分布以重点城市核心商圈为主。二是播出技术领先。加油站电视媒体播出不同于其他LED媒体常用的插卡方式，而是全部采用卫星＋3G无线通信方式，可实现定点投放，单屏控制，实时监控。三是形式多样，内容丰富。节目内容涵盖新闻资讯、综艺节目等，进一步提升了广告关注度和传播效率。播出内容丰富，让受众人群轻松度过无聊的等候时间。四是受众精准且规模庞大。加油站电视媒体精准锁定驾车人群，使顾客的广告投入获得更高回报。

3）加油站广告媒体的核心价值。

加油站媒体的核心价值有四大看点：规模化、垄断性、稀缺性、精准性。规模化体现在覆盖全国，由中心城市向二、三级市场下沉。垄断性体现在加油站人群和时间的独家占有。稀缺性体现在全国范围的独立性无干扰空间、精准锁定全国驾车族的高端新媒体。精确性体现在受众非常明确，全部为驾车族和3H（高学历、高消费和高收入）人群。

（2）国内加油站广告业务的优势。

在国内，加油站媒体是近几年出现的新型媒体形式，发展势头较好，这在很大程度上得益于中国庞大的人口、快速的商业化和超大规模的人群流动。由于加油站大部分人群具有"高收入、高消费、高学历"的特性，国内连锁形式的加油站网络布局内拥有大批高端人群，且目标顾客比较集中，加油站媒体有着很强的优势。随着政府对户外媒体的整合及加强管理，可利用的户外广告资源越来越少，加油站媒体无疑是未来户外广告界的重点资源。经过加油站经营者和相关媒体运营商们的不懈努力，加油站媒体吸引了大量的优质广告顾客，涉及诸多领域，包括房地产、金融银行、汽车、快消品、通讯等众多行业的知名经营者。加油站广告已经逐渐成为国内外大中型经营者品牌与产品宣传的首选渠道。由于加油站媒体的全国网络经营以及相关媒体运营公司的多元化发展（户外媒体、平面媒体等），全国中高端知名品牌都将成为加油站媒体的未来目标顾客。考虑到全国各地区经济发展不平衡，要从实际出发，遵循因地制宜的原则，积极推进加油站媒体广告业务发展。

（3）加油站户外媒体广告的发展潜力。

加油站户外媒体广告，目前尚未引起一些广告商的高度重视，针对目标受众还没有深度开发更多的增值服务。一般情况下，人们在加油的时候心情放松，会关注加油站内细节，广告的效果比较好。经营者要认真研究广告投资对自身发展的影响和对产品销售的拉动，如果能够很好地运用媒体品牌、传播以及数据库，构筑一个服务经营者的平台，那将开启中国传媒经营的一个全新模式。

1.4.5　高速公路服务区业务

（1）高速公路发展简述。

高速公路，原则上是指行车时速在120公里以上的公路，基本要求路面平整，拥有双向宽阔车道，中间设隔离带，路面材料为沥青混凝土或水泥混凝土铺设。高速公路的产生和发展，对世界交通运输业发展具有里程碑式的意义，它充分显示了公路运输便捷灵活、速度快、安全高效的优势，政治效益、经济效益和社会效益巨大，对促进世界各国经济的发展产生了深远的影响。

高速公路在国外起步较早，20世纪30年代即在德国、英国等欧洲国家出现。1932年，德国建成了从科隆至波恩的第一条高速公路，这是世界上最早的高速公路。随后在1933年从柏林至汉堡的高速公路投入使用。目前德国的高速公路总里程居世界第三。美国于1937年建成了加州高速公路，国会1956年通过立法，正式开始全国高速公路网的建设，至1993年高速公路总里程8.75万公里，是世界上拥有高速公路最多的国家之一。其中纽约至洛杉矶高速公路全长4156公里，其长度可谓世界之最。高速公路连通全国，对美国的社会经济发展产生了重要影响。现在，全世界已有近80多个国家和地区拥有高速公路。

1978年，连接基隆和高雄，全长373公里的我国第一条高速公路在台湾地区建成；1988年，全长18.5公里的沪嘉高速公路，是大陆建成投用的第一条高速公路；1990年，全长375公里的沈大高速公路建成，是国内第一条标准高速公路；从1984年开始建设到2011年年底，大陆建成高速公路总里程数约8.5万公里（不包括约4万公里的地方高速公路）。目前我国公路建设正处于快速发展阶段，2004年国务院审批通过《国家高速公路网规划》，标志着我国高速公路的建设进入一个新的历史时期。国家高速公路网规划采用放射线与纵横网络相结合的整体规划，形成由中心城市向外放射及横连东西、纵横南北的大通道，由7条首都放射线、9条南北纵向线和18条东西横向线组成，简称"7918网"。

（2）高速公路服务区的主要特点。

高速公路服务区，是高速公路发展的产物，是服务旅客中途加油、休息、购物、保养车辆、吃饭住宿等生活消费需求的休闲驿站。经过半个多世纪的发展，高速公路服务区的建设、运营、管理已逐步完善，成为标准化、专业化、规范化的新兴综合型商业平台。综合来看，成熟的高速公路服务区一般具备以下几个特点：一是网点分布合理、科学，充分考虑了高速公路的地理位置，城际交流的关系，以及道路交通流量；二是设置规模因地制宜，依据进服务区的车辆数及人数、相邻服务区分布及服务功能设置、确定停车场和各项功能需求；三是服务功能、设施完善，多数服务区由停车区、综合服务区、车辆快修区、加油区、休闲广场等组成；四是平面布置井井有条，一般服务区中心为综合消费区，大小车分区停放、加油分区设置，功能分区、各类设施布局科学合理，标识、标牌、地面划线非常鲜明，车行、人行路线特别顺畅。

国外高速公路服务区的建设已趋于完善，综合服务业务的开展已经常规化。在稳定的客源和成熟的经营模式基础上，未来服务区的发展趋势是：单站规模大型化，网络布局合理化；服务项目综合化，品牌产品多样化；设备设施自动化，服务自助化；整体环境设计优美，舒适；充分满足人性化的需求，建设成集绿色、健康、安全、环保于一体的高科技、智能型的综合性服务区。

我国高速公路服务区处于发展阶段，正逐渐走向成熟。国内高速公路服务区的特点如下。第一，网点布局不均衡，华北以及南方地区服务区分布较密集，平均30～40公里一处；西北、东北等地区服务区分布较少，平均每百公里有一处。第二，服务区规模参差不齐，从几千到几万平方米不等。第三，服务功能设置相差较大，部分服务区只有简单的超市和卫生间，规模较大的服务区功能相对齐全，由停车区、综合服务区、车辆快修、加油（气）区、休闲广场等组成。

就服务区平面布置来说，我国现有的高速公路服务区可分为3类。第一类以加油为主，设置卫生间及超市或便利店。第二类是以加油为主，设置独立的卫生间、超市、快餐、住宿、车辆快修等简单的综合性业务。第三类为大型服务区，设置综合性服务业务，综合消费区位于服务区中心，集中布置，大小车分区停放；设置加油区，大小车分区布置，位于出口侧，采用通过式布置；功能分区、各类设施布局合理，标识、标牌、地面划线明确清晰，车行、人行路线特别顺畅。

专栏2：云南昆玉高速晋宁余家海服务区

占地面积8万平方米，站前高速公路全长86.342公里，双向4车道，沿途共有呈贡、余家海、刺桐关等3个高速公路服务区。昆玉高速公路特点是车流量大，进站服务的车辆较多，进服务区的人员消费能力较强，进站车辆加水需求量大，单次加水量约为0.5吨/车（大型车辆），人员需求项目主要是卫生间、餐饮、超市等，高速公路上各种车型的分布是货车25%、客车10%、小型车65%。余家海服务区包括综合服务（超市、自助餐、点餐、特色餐饮、特产商店、母婴室、儿童娱乐房、儿童游乐场）、加油、汽车养护、加水、停车（大小车、中巴车、超长车辆）等服务功能；综合消费区位于入口里侧，采用集中布置方式，客车及小车停车区位于综合楼前面，汽油加油区位于中心位置，出口侧依次为加水区、柴油加油区、货车停车区；各功能分区单元布置合理，建筑错落有致，面对滇池，景观、绿化美观亮丽。

第2章　国内外石油公司非油品业务简介

经过百余年发展，加油站的业务领域早已不仅局限于提供油品服务，非油业务等便民商业服务在全球各地多元化发展，不同国家不同企业的非油业务各有特色，凝结了不同国别经营者的智慧。

2.1　欧美石油公司非油品业务简介

在欧美国家，基本上全部加油站都有便利店，非油品业务带来的利润占整体利润的比例较大。以2015年美国加油站非油品业务为例，全美便利店协会（NACS）的统计数据表明，2015年美国加油站成品油销售额是3490亿美元，同比下降27.7%，加油站便利店销售额达到2258亿美元，同比增长5.8%，就业率增加、燃油价格下降带来进站人数增加以及商店数量的增加，提升了便利店业务的销售额。

位于美国怀俄明州的比福德镇，是全美国最小的镇。镇上有一家名为"比福德商栈"的加油站和便利店，为经过小镇的人们提供加油等服务。"比福德商栈"种类齐全，丰富多样，里面售卖期刊杂志、香烟饮料、饼干糕点和纪念品等商品，其中饮料和纪念品销售收入最高，目前是油品销售收入的170倍。在这里，非油品业务带来大部分利润，油品业务的贡献微乎其微。

2.1.1　英国石油（BP）公司

2015年，BP公司在全球拥有约17200座加油站。在美国洛基山脉以西的全部BP公司加油站以Arco品牌、便利店以AMPM品牌经营（图2-1）。近千家AMPM便利店为顾客提供包装饮料，除打包的三明治、冰沙和汽水之外，还提供现点现做的新鲜食品和新鲜的多款搭配小菜，Thirst Oasis品牌的汽水机可以提供多达24种口味的汽水，就连咖啡也是精选的阿拉比卡咖啡，包括糖、风味糖浆以及奶油都是特别定制的，非常专业。AMPM的口号就是："这里有太多好东西！"

图2-1　BP公司在美国西部的加油站ARCO和AMPM便利店

在德国有630座BP公司加油站以Aral的名称经营，便利店以"Petit Bistro"（小餐馆）为品牌名（图2-2）。"Petit Bistro"只使用当地生产的最新鲜的天然有机时令食材，包括散养的鸡、本地的鱼和喂草而不是饲料的牛等。顾客不仅可以在店里用餐，还可以打包带走，甚至可以要求送货上门服务。

在英国，从2005年开始，为了提高顾客的购买体验满意度，BP公司与Marks & Spence（玛莎公司）签订协议，为消费者提供玛莎公司精选的高品质的诸如沙拉、水果、蔬菜、肉等可带回家的新鲜食品（图2-3）。BP公司的野豆咖啡店（提供现点现吃的食物）和Ultimate（优途）优质燃油共同组成营销产品组合，已经在120家BP-Connect便利店中销售（图2-4）。BP-Connect还提供网络、豪华淋浴和自助取款机。BPTV电视台还提供实时的交通和天气报告，以及指导司机如何节省燃油等。

图2-2　BP公司在德国Aral加油站的Petit Bistro便利店

图2-3　BP公司在英国与玛莎公司合作的便利店

图2-4　BP公司在英国的加油站和BP Connect便利店

2.1.2　壳牌（Shell）公司

　　世界上最大石油勘探和生产企业壳牌公司致力于开展最简化的零售流程和系统，以便集中精力为顾客提供卓越的服务。面对一个每天为2000万人提供服务的巨大平台，壳牌公司抓住这个市场机遇，开展非油品业务。起初，非油品业务主要以便利店业务为主，最初使用Shell shop品牌，后来演变成两个品牌：Shell Select与Circle K。2004年以后壳牌公司开始将全球零售形象统一起来，便利店使用Shell Shop，与油品形象保持一致。同时，加强与其他企业的战略合作，在与Sainsbury的合作中，便利店就完全采用Sainsbury的形象。壳牌公司在实施便利店战略时，主要从3个方面着手：便捷、品质和价格。壳牌公司要求加油站便利店要"提供给顾客高效、便捷和少麻烦的购物体验"。为此，Shell公司提出要突出重点品类管理，做好必保的品类、突出品牌建设、降低复杂系数等。

2.1.3　道达尔（Total）公司

　　在西欧拥有第一大的炼油和市场占有率的道达尔公司，是非洲第一大零售商，在全球拥有Total、Elf、Elan和AS24等4个加油站品牌。其中，Total品牌加油站和AS24卡车加油站为道达尔公司的一线品牌，Elf站和Elan站为道达尔公司的二线品牌。在加油站零售业务的经营策略上，道达尔公司采取优化营销，即突出以顾客为中心、塑造优良的品牌形象、采用优质的服务差异化等策略，配合便利店和洗车等业务的多种经营策略。道达尔公司非常重视便利店业务，发展初期就建立了Total自有品牌，其中，旅途休息点、本地移动类加油站推出了与Total品牌站配套的便利店Bonjour品牌（图2-5），而其他以油品消费为主的加油站则继续使用Total传统自有品牌。在Bonjour便利店开展差异化的快餐服务（图2-6），并且创建餐饮品牌Espace café（雷诺咖啡馆）。对于面积较大、适合开展大型餐饮服务的加油站，引入加盟品牌，通过引进成熟的餐饮品牌，最大限度地满足顾客需求，同时增加道达尔公司的销售收入和利润。

图2-5 Total加油站的Bonjour便利店

图2-6 Bonjour便利店内优美的布局和舒适的环境

在Total品牌站的非油品业务中，还有方便、快捷、高质量的洗车服务（图2-7），采用自助服务形式，洗车程序可选，并且推出洗车充值卡服务，帮助持卡顾客节省10%～25%的费用。同时配备了高质量的洗车隧道，长38米，每年设计服务能力大约5万辆，最高每小时60辆车，洗车区拥有16台吸尘器供顾客使用。

图2-7 Total洗车服务价目表

2.1.4 加拿大石油公司

1975年，加拿大政府组建国有石油公司，即加拿大石油公司，2008年被加拿大Suncor（桑科）能源公司以150亿美元的价格收购。加拿大石油公司拥有1500余家加油站及便利店。加拿大石油公司创立了"Neighbours"便利店品牌和"Glide"洗车品牌（图2-8），不仅仅经营油品业务，还开展了便利店（图2-9）、餐饮服务（图2-10）等非油品业务。

邻居便利店品牌

加拿大石油品牌

Glide洗车品牌

图2-8 加拿大石油公司加油站

图2-9　加拿大石油公司便利店外观

图2-10　加拿大石油公司便利店内的快餐、饮品服务

　　加拿大石油公司认为，咖啡能够带动整个便利店的销售，是吸引顾客进店、带动商品销售和提升品牌忠诚度的"制胜法宝"。咖啡作为目的性商品，能够带来很高的毛利，同时，1/3买咖啡的人，都会购买类似面包、巧克力、报纸等商品。

　　加拿大石油公司注重品牌的推广，推出一系列商品广告，包括沙拉、面包以及咖啡等；同时对新的经营模式进行推广，例如赠送顾客免费咖啡等，使顾客转变对加油站的传统认识，培养其进店消费的习惯，使顾客变成进站进行非油品消费的忠实顾客。另外，加拿大石油公司还推出加油站洗车服务，拥有全自动履带式洗车库设计（图2-11）。

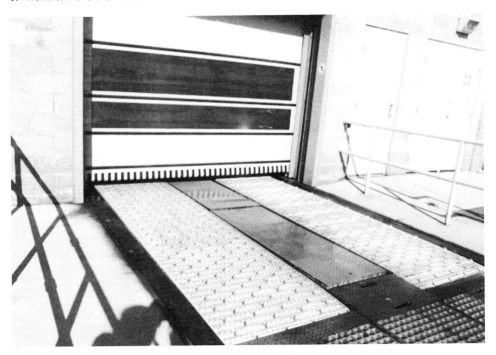

图2-11　加拿大石油公司全自动洗车库设计

2.2　日韩石油公司非油品业务简介

　　在亚洲，以日本和韩国石油公司为代表的加油站非油业务带来的毛利较高，来自日本石油协会2013年的数据显示，对1701家企业进行抽样调查发现，日本加油站内油品、非油品毛利额几乎各占一半。而日韩的经营策略有别于欧美加油站非油品业务的经营策略，是以汽车保养修理服务业务为主的，占国内整个汽修市场的份额较大。

2.2.1　捷客斯控股株式会社（JXE公司）

捷客斯是日本石油市场的主导者，2010年4月，由新日本石油公司和新日矿控股公司合并、重组为捷客斯控股株式会社，2010年7月设立捷客斯能源株式会社、捷客斯石油开发株式会社、捷客斯金属株式会社3个核心单位。捷客斯能源株式会社负责油品和非油品的销售业务，有加油站12000余座，零售市场份额占日本的34%。在日本，由于健全的便利店网络，加油站便利店一般相对较小，以经营汽车服务为主。捷客斯公司加油站拥有的汽车服务品牌为Dr.Drive，为顾客提供统一品牌的、专业的综合汽车维修和养护服务，在顾客中建立了良好的声誉，赢得了广大顾客的支持。拥有便利店品牌ValueStyle（图2-12），意在提供舒适的服务空间，提高顾客满意度，创造顾客愿意再次光顾的店铺环境。

图2-12　日本捷客斯公司加油站便利店

2.2.2　韩国SK公司

　　SK能源公司是韩国最大的石油企业，现有加油站4420座（含自营和加盟店），零售市场占有率34%，在韩国占第一位。公司用燃油的价格竞争力吸引客户，用庞大的客户群体促进非油品业务，用非油品业务保证燃油业务在微利情况下获得合理的利润。加油站功能齐全，既可以提供加油功能，又有便利店、洗车、修车、照片冲印等功能。拥有的汽车服务品牌SpeedMate（图2-13），主要经营汽车维修、紧急救援拖车和汽车用品销售等业务。近5年来年营业额增长达10倍以上，拥有360家SpeedMate连锁店，实现约2500多亿韩元的营业额，在韩国汽车后服务品牌中排名第四，仅次于现代、起亚、大宇。其部分加油站便利店与Family Mart合作运营（图2-14）。

图2-13　SK公司的SpeedMate

图2-14　SK公司与Family Mart合作的加油站便利店

2.3　国内主要石油公司非油品业务简介

　　面对成品油市场单纯的价格竞争不能带来更多利润的局面，从国外各大石油公司非油品业务带来的可观利润中，国内石油企业得到了启示，中国石油和中国石化迅速转变"卖油郎"的角色，全面开展非油品业务，跻身于多种经营的销售模式行列。2007年，中国石油公司开展非油品业务的头一年，仅有2940座加油站开展了非油品业务，年销售收入为6.55亿元，而截至2016年年底，全国开展非油品业务的加油站增至17900座，实现销售收入143.6亿元；中国石化开展非油品业务的加油站数量从2009年的5514座增至2016年的25591座。2009年销售收入1.6亿元，2016年实现销售收入350.9亿元。国内石油企业之所以能够迅猛发展，得益于以下几个方面：一是国家政策法律的大力支持，2012年2月，中国国家商务部颁布《关于促进加油站非油品业务发展的指导意见》，促使我国加油站非油品业务能够良性、有序地开展；二是我国汽车保有量增速较快，使得成品油消费群体的数量逐年增加，进而影响非油消费群体数量的增长；三是石油企业自身对非油品业务越来越重视，不断开发满足顾客需求的各项非油品业务，提供品质高、价格优的商品以及快捷、人性化的服务。

2.3.1 中国石油天然气集团公司

中国石油天然气集团公司(China National Petroleum Corporation，英文缩写"CNPC"，中文简称"中国石油")，是国有重要骨干企业，是以油气业务、工程技术服务、石油工程建设、石油装备制造、金融服务、新能源开发等为主营业务的综合性国际能源公司，是中国主要的油气生产商和供应商之一。2016年，在世界50家大石油公司综合排名中位居第三，在《财富》杂志全球500家大公司排名中位居第八。中国石油以建成世界水平的综合性国际能源公司为目标，通过实施战略发展，坚持创新驱动，注重质量效益，加快转变发展方式，实现到2020年主要指标达到世界先进水平，全面提升竞争能力和盈利能力，成为绿色发展、可持续发展的领先公司。中国石油的非油品业务，经过十多年的发展，由小变大，由弱变强，逐步走向成熟，发展至今，取得了良好的业绩，开拓了以油促非，以非带油，油、卡、非、润一体化发展的新局面。推出的"昆仑好客"便利店和"咔咔"汽车服务两个品牌，成为扩大跨界合作、彰显公司价值、宣传中国石油良好形象的重要渠道。为适应经济新常态，以国家十三五发展纲要为新起点，制订了非油品业务中长期发展规划，出台实施一系列加快非油品业务发展的重要举措，以满足广大消费者日益增长的个性化、便捷化、时尚化、高端化、人性化的服务需求为目标，以遍布全国各地的加油站为依托，努力把非油品业务打造成以"人·车·生活"生态圈为主题的综合服务平台。

2.3.2 中国石油化工集团公司

中国石油化工集团公司（英文缩写Sinopec Group，中文简称"中国石化"），是国家在原中国石油化工总公司基础上重组成立的特大型石油石化企业集团，主要业务包括油气勘探开发、石油炼制、成品油营销及分销、化工产品生产及销售、国际化经营等。中国石化利用遍布全国各地的加油站网络体系优势，通过各式各样的非油品业务，把中国石化加油站变成满足顾客需求的汽车生活驿站，大力开拓非油品业务，取得优异业绩。2012年1月1日正式上线的中国石化"易捷网上商城"（www.ejoy365.com）的成功运营，为非油品业务提供了新的利润增长点。2016年，中国石化销售公司以重组为契机，与多家企业跨界合作，达成战略合作协议，为做强、做优、做大非油品业务奠定良好发展基础。

第3章　非油品业务的重要地位和发展策略

国内成品油市场竞争日益激烈，油品零售日趋薄利化，非油业务的发展已成为成品油零售企业差异化竞争的重要手段，必须是新的历史条件下的新的利润支撑点。未来一段时间，如何发展好非油业务将是油品零售企业的重要课题。

3.1　非油品业务是油品销售行业的蓝海产业

3.1.1　油品销售行业进入微利时代

近期的成品油市场，逐年迈向长期的资源供大于求，市场竞争白热化、油品销售微利化和顾客需求主导化的新局面。随着国家深化市场化改革政策陆续出台，我国油品市场将越发开放，批发零售的市场竞争不断加剧。新型能源迅速推广，电动汽车快速普及，油品需求降低的现象日益凸显。据中石油经济技术研究院预计，"根据国内炼油能力建设情况，未来国内成品油供需宽松程度将进一步加深。到2020年国内成品油需求量将达到3.5亿吨，供需富余量达4000万吨"。随着经济增速放缓，成品油的需求增量有限，国内两大油企集团、地炼、外资和民营企业的竞争，由抢占增量市场转向争夺存量市场，打"价格战"现象越来越激烈，油品业务迅速进入微利化时代。不久的将来，油品销量及利润增长放缓，但成本将增加，致使油品销售业务的利润空间越来越小。面对新形势、新挑战，加快非油品业务发展显得更加刻不容缓，要积极借鉴国内外油品及零售等行业发展的先进经验，整合内外部资源，实施油非并重的战略，快速推进非油品业务发展，保证油品企业基业常青。

3.1.2　非油品业务将成为油品企业的重要利润来源

国外油品销售企业非油品业务的经营实践证明，非油品业务既是当前必不可少的业务，更是将来获取利润的主要来源和首要业务。在欧美国家石油公司的零售业务中，非油品业务带来的利润已超总利润的一半，是企业利润的主要来源。近几年来，由于中国两大油企集团对非油品业务发展的高度重视，非油品业务的收入、利润都在大幅增长，有效弥补了主油价格持续下跌、利润持续走低的被动局面。特别是非油品销售还带动了高标号汽油销量的增长，提升了油卡非润一体化的运营效益。从当前非油品业务快速增长的局面看，未来必将成为销售业务重要利润来源和发展支柱。

3.1.3　非油品业务发展前景美好

当前，非油品业务对中国油品企业来说，还是朝阳产业，挖掘空间非常宽广。从非油品业务的层面出发，当汽车保有量达到峰值、经济成长到一定阶段后（人均GDP达到3000美元以上），非油品业务将进入快速发展时期，而从发展期到成熟期大概需要40年的时间。美国加油站非油品业务从1950年开始发展，1960年至1990年步入高速发展时期，1990年之后进入成熟阶段。日本从20世纪60年代后期进入汽车普及期，非油品业务随之展开，70年代进入快速增长时期，2005年后逐步踏入成熟期。2003年，中国石油和中国石化两大国内石油巨头企业小试牛刀，在一些加油站小规模地销售非油商品。到2008年，随着我国汽车保有量数值增高、人均GDP突破3000美元，非油品业务才开始规模经营，国内加油站非油品业务步入稳定高速增长阶段，非油品业务将成为油品企业发展的首要任务。非油品业务既是充分利用加油站资源、提高资产使用效率的重要方式，也是满足客户多元化需求、完善销售业务服务体系的重要途径。非油品业务利用加油站的客户、土地、房产等资源，拓展加油站经营范围，提高资产使用效率；同时，加油站借助非油品业务，丰富服务内容，优化服务方式，满足了客户的延伸需求。随着互联网＋、物联网、大数据、云计算等先进科学技术的发展，以及中国后汽车时代的到来，非油品业务有着非常光明的发展前景。

3.2　非油品业务是有待深度开发的金山银矿

3.2.1　非油品业务发展有着宽松的政策环境

宏观经济形势显示我国的经济发展已经迎来转型阶段。目前我国的经济属于"三期叠加"发展时期，"十三五"期间将呈现良好的发展趋势，而服务行业将会在国内生产总值中占首要位置，高技术产业发展迅速，新兴产业发展的良态以及国民消费的稳定增长，都为未来几年的经济发展铺平了道路。我国将进一步加快供给侧结构性改革，经济增长不再主要依靠投资拉动，产业转型升级和消费增长将成为重要推动力。从2015年开始，中国经济结构调整进入阵痛期，也是经济发展旧动能提升、新动能培育的转换期。石油企业非油品业务要顺应经济发展的趋势，积极实施转型和改革创新，努力提升业务能力，由"卖油郎"向围绕顾客需求展开经营的综合型服务商转变。

3.2.2　便利店业务是非油品业务的主要载体和利润来源

随着人们生活节奏的加快和收入的增加，有车族将会习惯于用金钱换取便利，在加油站顺路购物也将成为人们节省时间的一种消费选择，而"花钱买时间"的顾客对商品价格不敏感，能够接受比超市略高的商品零售价格，为加油站便利店创造了更大的商品利润空间。现在人们的生活水平不断提高，生活方式不断改变，对便利服务的要求也越来越高，为加油站便利店的发展提供了较为广阔的空间。一是消费型经济发展模式正在逐步形成。发改委通报的数据显示，2015年服务行业占GDP的比例过半，第一次撑起"半边天"，工业主导向服务业主导转型的趋势更加明显；社会消费品零售总额增长10.7%，最终消费对经济增长的贡献率达到66.4%，消费的贡献率超过投资。2016年国家全面开展供给侧结构性改革，极力推行全民创新、创业，使得新型服务模式以及新型业态有如雨后春笋般迅速出现，新经济蓬勃发展，新旧动能稳定替换。截至2016年年底，第三产业的增加值较去年同期增加了7.8%，对经济增长的贡献率为58.4%，在国民经济稳定增长中起到了关键作用。国家"十三五"规划要求，要不断加大消费对经济增长的贡献，2020年服务业增加值要占国内生产总值比重的56%。零售服务行业中便利店的经营机制更加灵活，为加油站网络遍布全国的油品企业提供了更多的发展机遇。二是零售服务行业中便利店的发展节奏较快。由于宏观经济的变化和消费者购买习惯的转变，特别是互联网、信息技术和成本上涨的影响，中国零售业尤其是大型商超增速放缓，但"小而美"的便利店则逆势上升。现在中国一座便利店平均覆盖2.5万人，而中国台湾、日本等一座便利店平均覆盖200人，我国便利店业务仍有很大的发展空间，便利店行业正进入新一轮扩张期。三是从零售行业发展角度分析，我国已步入以互联网为驱动的消费者主权阶段。预计"十三五"期间，国内零售市场规模将达到20万亿元，中国将成为全球最大的零售市场。消费者结构将出现重大变化，1985至1995年出生的中国新一代成为特殊的消费群体，有专家预测2020年中国新一代对消费总额的贡献将超过35%。数字化消费群体的迅猛扩张，商品的价格越来越透明，顾客追求质优价廉、省事不费力的消费模式，未来线上线下结合更为紧密，在线下体验成本更受重视和线上营销费用上涨的双重驱动下，相比大型商超等传统零售业态，便利店凭借专业化、特色化和便捷优势，将继续保持高速增长态势。

3.2.3　汽车服务业务是加油站打造"人·车·生活"生态圈的新引擎

汽车维护保养与燃油补给是汽车正常行驶的必要保障。在早期的欧美汽车社会中，由于汽车制造技术的局限，汽车高故障率导致对汽车维护保养的高度依赖，因此，在相当长的时期内，加油站内部油品销售与汽车维护保养并存，成为汽车出行的必然要求。随着专业化分工和市场竞争加剧，加之汽车维修保养业务的日益复杂化和高度智能化，对汽车维护人员的专业技能及设备的要求越来越高，传统的加油站汽车维修业务已不具备竞争优势。因此，各大石油公司在欧洲的加油站纷纷退出汽车服务领域，仅保留了润滑油销售和洗车业务。但与之相反，欧美石油公司在东南亚的加油站的汽车服务业务则蓬勃发展。预计到2020年，我国的汽车保有量将高达2亿辆，汽车作为人们出行的代步工具，和住房、饮食一样成为家庭必需品。汽车后服务市场的规模也在逐年增长，近几年，其规模以15%左右的速度持续增长，预计2020年将达到1万亿元。2016年中国石油企业协会公布的数据显示，百强4S店集团以8.7%的收入贡献50%的毛利率，平均毛利率达35%；连锁汽车服务企业和O2O汽服平台市场份额急剧增加，综合毛利率超过45%。随着市场反垄断的逐渐深入，以2S、3S为主要内容的连锁汽车服务巨头将陆续出现。随着行业和顾客需求的不断变化，石油销售企业也应制定相应策略，扭转以管理为主的思想，转而以顾客需求为主；全面采用大数据分析，实行精准营销来彰显消费者主权；提供便捷服务，提升顾客体验；以汽车为媒，打造"人·车·生活"生态圈，开启依靠汽车服务业务加快非油品业务发展新引擎。

目前，国内汽车后市场处在剧烈转型过程中，呈现出三大特点：一是市场容量在快速扩大，市场前景看好；二是随着汽车质量的不断提升和私人汽车社会的到来，汽车维修行业利润快速向汽车保养领域集中，技术含量相对较低、风险可控、顾客需求大、利润率较高的汽车保养市场成为朝阳行业的新星，"以养代修"的理念成为现实；三是在政策鼓励和市场竞争的双重作用下，汽车后服务行业集中度不断提高，连锁化、集团化、专业化成为发展趋势。连锁化快修、快保的企业顺应了消费者需求和市场发展趋势，拥有更大的竞争优势，发展迅速。

随着国外连锁汽车服务企业的进入和国内汽车服务支持平台企业的逐渐成熟，困扰加油站汽车服务业务发展的管理和技术问题有望在未来得到彻底解决。顺应汽车服务市场的发展趋势，依托加油站规模庞大的客户群体，集约利用加油站资源，综合选择适合加油站特性和满足车主需求的服务项目。通过连锁化经营降低运营成本，以专业化经营提高服务质量、树立品牌形象，为消费者提供便捷、专业、经济的汽车服务。加油站汽车服务业务有望在未来几年内形成适合国内汽车服务市场特点的汽车服务模式，最终使汽车服务业务成为加油站利润的重要来源。

3.2.4 快餐业务是非油品业务新的经济增长点

在我国第三产业中，餐饮住宿行业是一个传统型的服务行业，先后经历了改革开发兴起、数量增加、规模连锁经营和品牌提升阶段，发展迅速。近几年，餐饮住宿行业的涨幅已经高于国内生产总值的涨幅，对我国国民经济有着明显的拉动作用（近年来中国餐饮和住宿业发展规模见图3-1）。

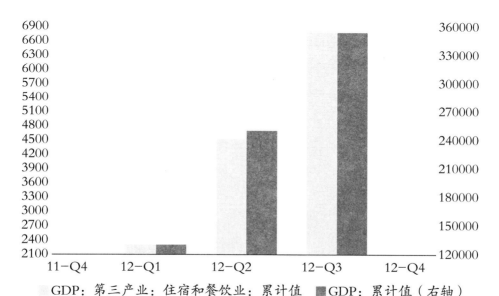

图3-1 近年来中国餐饮和住宿业发展规模

对于加油站来说，本身的资源和网络优势有利于开展餐饮和住宿服务。停车就餐与住宿是长途旅行的基本需求，特别是在高速公路服务区与省国道大型加油站，利用加油站独特的场地和房屋设施优势开展特色餐饮与汽车旅馆服务，不仅可以吸引顾客停车进站，还可以促使油品业务和便利店业务同增长，使得利润明显提高。具有餐饮与住宿功能的加油站的独特竞争优势是显而易见的。餐饮与住宿业务是加油站实现差异化竞争的独特"法宝"。

行业数据表明，加油站快餐业务有较好的市场需求和前景。根据消费者需求调研，77%的受访车主希望加油站提供快餐服务，只有不到7%

的受访车主认为"油品和食品本身不相融合"，认为加油站便利店不合适开展快餐业务。随着人们生活节奏的不断加快，快餐在国内便利店行业中的地位和作用日益凸显，已成为加油站便利店的重要品类，贡献了可观的收入和毛利。据统计，根据快餐业务投入产出核算，单店快餐收入20万元以上站点可以确保盈亏平衡。2014年，便利店行业平均毛利率为24%，而以7-11为代表的日资便利店毛利率最高可达到36%。例如北京7-11便利店快餐类商品销售贡献超过50%，自主研发的快餐品种每周至少更换30种。要科学制订快餐业的发展规划，快餐品种不宜过多、过杂，遵循规范化的操作标准；突出"路途上放心美食"的定位，结合商圈和地方饮食特色，为顾客提供美味便捷的精选食品；培养顾客消费习惯，结合顾客需求研究市场、精准定位。

调查研究所处商圈和顾客的消费习惯，有助于抢占商机。在高速公路服务区加油站，顾客多为不同类型汽车的司乘人员，私家车司乘人员的需求以优质的即食小吃为主，大型车辆司乘人员的需求以经济实惠、方便快捷的快餐为主。而城区加油站的顾客群多是周边工作和居住的私家车，他们要求快餐既干净卫生又营养健康。加油站应该结合自身情况精准定位，因"站"制宜、一站一策，为顾客提供个性化、差异化的快餐服务，可采取自营、合作经营、外包中的一种或多种经营模式。开展快餐业务，要切实防范食品安全风险，加强食品安全监管，建立妥善应对新闻危机事件的能力，树立诚信经营理念，为顾客提供安全、环保、健康的可口美食，为企业增收创效做贡献。

3.2.5 高速公路服务区是满足顾客多元化需求的爱心驿站

根据高速公路服务区面积大、客流量大、需求功能多等特点，发展高速服务区业务绝不能仅仅盯着"油"，一定要坚持油卡非润一体化，人、车、生活、休闲住宿综合服务一体化，打造能够满足顾客多方面需求的综合服务平台，将服务转变为顾客缓解旅途疲劳的爱心驿站。

加强高速公路服务区建设，要与高速公路管理部门密切联系、强化沟通，争取设计施工之初提前介入、自主设计，为后续建设及运营创造条件、争取主动。设计必须符合政府规范，布局要符合顾客消费习惯和行走路线。要凭借专业人员的智慧，采取专业化管理。要明确发展定位，按照社会化发展、品牌化联盟、专业化运作规则，打造汽车生活驿站，抢占三类维修市场。要依托社会化资源，与知名品牌深度合作，统一品牌形象，统一管理流程，统一财务核算，采取联营、委托经营、租赁等多种模式，开展多元化经营。要明确定价策略，商品价格可略高于普通店面，商品种类保持在2000种左右。商品选择要满足顾客需求，因地制宜地开设土特产专柜，因时制宜地组织季节性商品销售。

3.2.6　广告业务是非油品业务增加利润的有效平台

随着非油品业务的快速拓展，加油站广告业务也越来越被社会大众看好，利用加油站空置空间做广告，不仅能增加广告的传播力和商品的热销度，而且能树立政府、企业和产品的良好形象，最终还会为非油品业务带来良好的收益。从加油站广告的空间布局看，加油站广告可分为店内广告、店外广告和线上广告。店内广告主要是指便利店内部广告；店外广告主要是指除便利店以外的所有广告；线上广告主要是指依托现有公司微信公众号、微商城或重新开发的线上平台，由本企业牵头对线上平台广告位进行设计，各基层单位根据线上广告平台结合当地特色推荐特产供应商和其他客户，通过线上广告宣传加线下实体店体验的方式增收创效。

要科学地制订广告业务的中长期发展规划，加油站做什么广告，不仅要思考加油站的建设规划，而且还要思考加油站的地理位置和所在区域人群的分布状况。目前来看，依据各省、市、县区域的不同情况，属地化开展广告业务，针对性更强，效果更佳。要结合企业实际状况，系统策划，分步实施，深入挖掘便利店内、店外和线上广告的创效潜力，使广告业务成为企业创收增效、树立形象、打造品牌的新平台。

3.2.7　"互联网＋"的营销模式是非油品业务快速发展的重要手段

随着移动互联网的快速发展，线上线下相结合的商业模式正如雨后春笋般发展。要抢抓"互联网＋"的历史机遇，线上拓增量、线下挖存量，通过线下实体店和线上虚拟店的有机结合，打造消费者舒心、放心、开心的综合服务平台。中国实体零售业十三五发展规划指出，应建立适应零售业态融合发展的标准规范、竞争规则，引导实体零售企业逐步提高信息化水平，将线下物流、服务、体验等优势与线上商流、资金流、信息流融合，拓展智能化、网络化的全渠道布局。要鼓励线上线下优势企业通过战略合作、交叉持股、并购重组等多种形式整合市场资源，培育线上线下融合发展的新型市场主体，实现双赢发展。建立社会化、市场化的数据应用机制，树立互联网思维，鼓励电子商务平台向实体零售企业逐步有条件地开放数据资源，努力实现共享、共融、共促发展。

要通过打造网络平台，加快B2B、B2C、O2O等商业模式的探索实践，提升加油站综合创效能力；通过打造共享平台，促进双方的跨界合作，实现共同发展；通过打造营销平台，促进供应商与客户合理的利益分享，增强加油站商圈的吸引力。目前，社会大型油企的加油站和便利店，遍布全国各地的城市、乡村，国内两大油企已与阿里巴巴、腾讯等知名网络公司签订了战略合作协议，强强联合，互补短板，为相互打通"最后一公里"的愿望奠定了坚实基础，也为非油品业务整体效益提升开辟了新的发展空间。

3.2.8　打造自有品牌是非油品业务增收创效的重要突破口

一个品牌就是一家企业的名片，从自有商品特质看，它具有特色化、成本低、毛利高的优势，是企业创效增利的首推商品，是加油站吸引客流、提高创效能力的主要动力，是非油品业务突破发展瓶颈的重要举措。要以满足顾客需求为目标，以企业自身的拳头产品为龙头，坚持顶层设计，建立完善的产品体系、研发体系、品牌体系、运营体系和支撑体系，逐步形成具有自有品牌的"车＋人""车＋服务""人＋服务"3个产品和服务系列，加强商圈调研，创新品牌策划，打造非油品业务核心竞争力。

要以众口称赞的品质树品牌，把精品选送到顾客手中。非油品业务处在完全竞争的市场中，顾客更看重质量好、信誉好的商品；要以独具一格的特色树品牌，采取跨界合作、强强联合等方式，积极开发具有民族特色、地域特色、行业特色的"爆款"产品，提升自有品牌的知名度、美誉度和畅销度。要以优质服务树品牌，让顾客感受到宾至如归的温暖。随着"互联网＋"时代的到来，社会生活节奏进一步加快，顾客对快捷化、人性化、个性化、一站式服务的需求更加迫切。要持续优化服务流程，用更低的成本和一流的效率，营造舒心愉悦的消费体验，在对顾客的优质服务中获得特色品牌的溢价回报。

3.3　非油品业务的发展策略

3.3.1　开展非油品业务的要点

开展非油品业务，不能因循守旧，也不能盲目冒进，应在广泛调查、认真研究的基础上制订实事求是、科学可行的方案，既要确保业务能开展、发展好，又要争取尽快树品牌、创效益。"先试点、后推广"是开展开发非油品业务的常规做法——先选择合适时间、地点、商圈进行非油品业务的经营，再根据经营过程中产生的具体问题进行分析并制定相应管理规定。根据典型试点的情况，总结经验，扬长避短，查缺补漏，有利于分析相关地区的整体营销情况。由于我国幅员辽阔，各地区的营销条件和自然环境不尽相同，这就需要选准试点地区和时机，因地制宜，推广到合适的区域。

1）时机适当

加油站非油品业务的开展要顺势而为，因人因地而异，要根据当地经济发展水平和消费者的便利需求，适时开展。大城市中，地理位置好、繁华地点、人流多的加油站可以先起步，打造标杆，树立样板，复制推广；而中小城市和欠发达地区的加油站，则应先从便民服务做起，从顺应当地的时代发展、经济发展大势做起，待消费需求达到一定规模后再进行规范建设。

2）地点适宜

常言道，一山有四季，十里不同天。不同地理位置加油站，其商圈业态很不相同；顾客类型不一样，消费习惯也不一样，对便利商品的需求也不同。因此，要对不同类型加油站进行评估，按照城市型、农村型、高速公路型、县乡道路型等分类，确定是否适合开展非油品业务，适合开展哪种类型的非油品业务。

一般而言，城市站适于开发便利店、洗车、餐饮、缴费、彩票等非油品业务，国道站适于开发便利店与快餐、汽车服务等业务，高速公路站可以根据地理位置开展超市、餐饮、住宿、修车等非油品业务。

3）规模适度

规模经营是降低成本的有效手段，开展非油品业务，如果没有规模经营，简单的场地出租比自营更经济。作为大型油企，发挥网络规模优势，珍惜加油站寸土寸金的空间开发，大力开展多元自主经营，是竞争战略的需要，也是未来新的经济增长点。

适度包括两个层面：一是单站开展要适度，要充分利用站内经营场地和设施，科学谋划，合理布局，不能片面求大、求全、求洋、求新；二是要连片、连线开发，联动经营，网络配送，整体营销，只有形成区域规模优势，才能实现规模效益。

4）商品适销

产品与服务的适销对路，是开展非油品业务的基本要求，既要满足消费者的现实需求，又要引导激发消费者的潜在需求。满足需求，关键是做到适销对路，比如在普通加油站便利店中，销售饮料和饼干等便携食品是适宜的，而销售家用电器等大件商品则不合时宜。由此可见，在确定加油站非油品业务时，要坚持方便、快捷、实用、关联的原则。

3.3.2 开展非油品业务的重要举措

1）整体布局科学化

根据商圈和市场分析，对加油站及非油品业务进行总体规划和科学布局，对非油品业务发展至关重要。要进行深入细致的调查研究，分析不同区域、不同顾客群体的消费需求，因地制宜，科学合理设置非油品服务项目。经过专家论证和科学评估，然后确定项目能否实施；在充分研究的基础上，逐步开展非油品业务运营，建立管理体系、健全各项规章制度，并通过培训、考核和检查等手段加以落实，实现统一业务流程、统一运营模式、统一品牌形象、统一财务核算的管理目标。

2）商品种类丰富化

丰富商品品类，优化商品结构，是非油品业务提质上量的前提条件。要引导经营者改变千店一面、千店同品现象，围绕非油消费者画像，着力增加智能、时尚、健康、绿色商品品种，不断调整和优化商品品类。进一步推进工贸结合、农贸结合，丰富商品品类，完善品牌消费环境。要积极培育便民化、特色化商业氛围，不断扩大新老客户消费圈。要不断调整经营结构，丰富业态体验，由传统销售场所向社交体验、家庭消费、时尚消费、文化消费中心等转变。要推动连锁化、品牌化等知名度高的企业进入便利店和服务区，加强与电商、物流、金融、电信、市政等对接，发挥终端网点优势，开展便民增值服务，以琳琅满目的商品打造人车便民生活服务圈。

3）营销手段多元化

多元化经营，就是要在以油为主的前提下，按照行业发展规律和客户需求导向，全面拓展非油品业务。要用多元化的非油品业务，为加油站商圈吸引客户，实现以非促油，油非并进，提高油品销售能力；用多元化的优质服务，满足客户个性化需求，打造绿色、健康、时尚生活驿站，改善客户体验，提高客户满意度；用多元化的经营，充分挖掘加油站的创效潜能，优化业务结构，提高盈利能力；以多元化的视角，深入开展跨界合作，实现企业强强联合，共同创造辉煌业绩。

4）物流供应快捷化

"朝辞白帝彩云间，千里江陵一日还。"物联网的发展彻底改变了传统物流供应模式，信息化、便捷化、快捷化成为现代物流的主要特征。物流配送是市场化专业化程度较高的业务，是非油品业务稳健发展的根本保障，要用高水平的现代信息技术和高质量的流通设施，筑牢商品统一配送的工作基础；要树立共享发展理念，加大培育力度，建立和巩固与核心商品供应商的战略联盟，共享商品采购、储存、配送、销售信息，实现企业与供应商互利双赢发展；要加快物流系统建设，逐步完善信息系统功能，通过物流、商流和信息流的相互支持，实现"订进退收结"各环节无缝衔接；要充分利用信息技术，提高运营效率，推进中央仓主动补货和智能分拣，降低中央仓和加油站员工的劳动强度。要合理优化网络布局，科学选择设备设施，细心规划配送路线，提高中央仓配送及时率。

5）管理手段信息化

管理信息化，是指企业把先进的技术和管理理念引入到管理流程中，实现管理自动化，提高企业管理效率和水平，从而促进管理现代化，增强企业核心竞争力的一种管理手段。一是信息化的实现，会使企业的生产经营模式发生深刻的变化，能够让企业尽快适应内外部环境，有效整合、配置和利用有限的资源，提高管理效能。二是对于石油企业来说，借助信息管理系统和加油卡，不仅可以实现全国连锁经营与联网累计优惠，而且可以在油品业务与非油品业务间进行整合营销和累计优惠，为顾客提供一揽子服务和优惠，为顾客创造价值，赢得顾客的忠诚。信息管理系统将会大大助推非油品业务的整合经营，是未来的加油站所必需的系统工具。这个信息互联的零售服务平台，不仅可以使石油公司自己开发的油品、便利店、汽车服务及餐饮与住宿服务实现整合经营，也可以使外部的ATM自助取款、联网自助缴费、彩票代销等业务，变成非油品业务的有机组成部分。三是实现商品采购、仓储、配送、销售全业务链的信息化建设，是今后非油品业务提高运行质量、提高运行效率的关键环节。要充分运用信息化手段，加强商品进、销、存、退的精细化管理，建设科学全面的非油品业务信息管理系统。

6）优质服务人性化

服务创造价值，服务成就未来，服务铸造形象。企业形象是企业战略与发展、产品与服务、贡献与责任、品牌与文化、队伍精神风貌等要素的综合反映。油品销售企业特别是加油站，直接面向客户提供服务，是社会外界认知品牌形象的最直观场所，是输出产品和服务的最前沿窗口。从行业划分看，销售行业属于服务业。而服务业竞争的最大特点就是比服务能力、比服务态度、比服务质量，尤其是在当前国内成品油市场需求增速放缓、买方话语权增强、产品同质化严重的情况下，服务成为提升核心竞争力的决定因素。要大力实施市场战略，有效发展销售业务，着力增强服务意识，构建"大服务"体系，通过做优服务有效应对挑战、快速响应需求、赢得客户、开拓市场，加快由"保供"向市场营销转变、由"油品驱动"向"服务驱动"转变，努力缩小与先进水平的差距。要引导企业顺应当前顾客的便利化、个性化、多样化、品质化消费趋势，切实做到诚信服务、精细服务，提高服务技能，延伸服务链条，规范服务流程。要运用大数据技术分析顾客消费行为，开展精准服务和定制服务，灵活运用网络平台、移动终端、社交媒体与顾客互动，建立及时、高效的消费需求反馈机制，做精、做深体验消费。要大力开展服务设施人性化、智能化改造，不断提高服务质量和品位。

7）员工队伍专业化

要大力实施人才兴企战略，按照德才兼备、技能精湛、业绩优秀、专兼相宜的原则，在实践中发现人才、培养队伍、提升能力，打造一支既能卖油品又能卖非油、素质和作风过硬的复合型人才队伍。要完善员工职业生涯设计，不断畅通员工成长渠道，健全以专业营销为核心的培训机制，大力推进专业队伍建设，为非油品业务持续稳健发展奠定基础。要实行非油岗位职业鉴定和持证上岗制度，员工的岗位工资与专业能力挂钩；要根据非油品业务发展需要和人才结构的实际，按社会化、市场化的原则，适时从社会和外部引进零售专业人才，大力培养非油领军人才。要坚持理论培训和现场实操结合，技能比武与岗位竞赛结合，强化岗位练兵，让所有加油站经理成为优秀店长，让所有加油员成为出色的营销员，让所有管理者成为业务专家，多措并举，建设高素质非油专业化人才队伍。

第4章　加油站便利店业务

老吴是一名私家车车主，每周都要到加油站加油，在市区加油时往往习惯顺便买些米面等家庭食品，相比到超市购买存在道路拥挤、停车麻烦等困扰，加油时顺便购买则方便许多；跑长途在高速或国省道加油站加油时，常购买一些香烟、口香糖、功能饮料等提神商品等。作为拥有一定经济实力，追求生活品质的人群的一个典型，老吴在购买商品时，除了要求商品质量外，对消费环境也有着较高的期望和要求。当然，对于市区加油站和国道加油站，老吴的消费期望并不一样，不会强求国道站也像市区站那样装饰漂亮、商品繁多，毕竟加油的主要人群不同和消费诉求不同。但如果遇到便利店环境整洁、温馨、舒适，商品丰富、布局合理，老吴一般会多停留一段时间，不由自主地多买一些商品，消费体验也比较舒适，下次加油时也会尽量到同一加油站加油。

4.1　科学开店，是发展便利店业务的基石

4.1.1　分类开设便利店，迎合目标客户的消费期望

1）开设便利店应考虑的因素

（1）营业室面积。

加油站开设便利店，营业室面积要充足，不同地理位置的便利店面积需求不同：位于城市主干道或高速公路的便利店，营业室面积不要低于100平方米；位于城市郊区、繁华乡镇或国道的便利店，营业室面积建议保持在60～100平方米。

（2）客流量。

客流量是支撑加油站便利店销售额的基础，没有足够的客流量，就

难以支撑一家便利店的正常销售。加油站的主要客流来源于加油车辆的司乘人员，一般来说，汽柴油销售量和客流量成正比，也就是说汽柴油销售量较大的加油站客流量大，便利店销售额也高；反之，汽柴油销售量较小的加油站客流量也较小，便利店销售额也不会太高。城区内便利店最好选择汽柴油销售量日均在10吨以上，郊区加油站便利店选择汽柴油销售量在8吨以上的加油站。

（3）位置。

便利店的位置，直接决定了销量的高低，也影响到便利店商品的配送及时性和便利性。位置偏远的加油站便利店销售额一般不高，从仓库配送商品的路线也较长，若配送频次较多但单次配送商品量少，则配送成本较高；配送频次较低单次配送商品量大，则会导致商品积压或者因配送不及时造成商品断货。因此，应优先选择地理位置优越、配送方便的加油站开设便利店。

2）加油站便利店分类

（1）依据位置和油非主要经营数据分类。

具备开设便利店条件的加油站，应该依据地理位置、油品销量、客流量等分类设置便利店，加油站便利店可分为高级店、标准店、基本店3种类型（表4-1）。针对不同类型的便利店，实施不同的装修标准、设备配置，销售不同数量的商品。

依据加油站便利店类型和所在商圈目标客户需求，上述不同类型的便利店应分别设置不同的服务项目（表4-2）。

所有便利店必设经营项目：商品零售；

标准便利店必设经营项目：商品零售、汽车用品；

高级便利店必设经营项目：商品零售、汽车用品。

店面级别越高，必设经营项目越多，零售商品数量越多。

表4-1　便利店分类明细表

类型	位置	面积（平方米）	销售收入（万元/年）	单品（个）	油品参考指标 纯枪量（吨/车）	油品参考指标 汽柴比	设备 饮料柜	设备 收银台	设备 餐台	设备 货架
高级店 高级店I型	城市干道站/社区站/高速站	≥120	≥300	≥1000	≥10000	≥1	后补式6门节能冷柜，1个饮料加热柜	高级收银台	快餐业务车销售额达到20万元的便利店设置独立快餐区	标准货架、促销架
高级店 II型		80（含）~120	200（含）~300	≥1000	5000（含）~10000		6门节能冷柜，1个饮料加热柜	标准收银台，带背柜和糖果架		
高级店 III型			100（含）~200	600~1000	5000（含）~5000					
标准店 标准店I型	城市站/郊区站/高速站	60（含）~80	50（含）~100	300~600	3000（含）~5000	≥1	4门节能冷柜，1个饮料加热柜	标准收银台，带背柜和糖果架	不单设快餐区	
标准店 II型	站/国道站		20（含）~50							
基本店	省道站/农村站	<60	<20	<300	<300		2门节能冷柜	简易收银台	无	标准货架

58

表4-2　便利店经营项目明细表

类别	项目	零售	快餐	发卡	汽车用品	缴费	多媒体	ATM	快递	加油卡充值	彩票
高级店	高级店Ⅰ型	●	●	●	●	●	●	●	●	●	▲
	高级店Ⅱ型	●	●	▲	●	●	●	●	▲	●	▲
	高级店Ⅲ型	●	▲	▲	●	▲	▲	▲	▲	▲	▲
标准店	高级店Ⅰ型	●	▲	—	●	▲	▲	▲	—	▲	—
	高级店Ⅱ型	●	▲	—	▲	▲	▲	▲	—	▲	—
基本店		●	—	—	▲	—	—	—	—	—	—

●表示必设项目　▲表示可选用项目　—表示不选项目

（2）依据加油站所在商圈分类（表4-3）。

表4-3　便利店商圈类型分类表

商圈类型	位置	主要服务对象	主要特点
社区型	住宅区附近	附近居民	消费群稳定，追求便利、亲切，家庭用品需求高
流量型	火车公交站等交通枢纽及景点、广场周边	上班族和出游人群	商圈大、流动人口多，随机消费为主，客单价较高
商务型	写字楼集中区周边	高收入商务人士	便利性消费为主，有快餐需求，新奇、高档的商品受欢迎

商圈类型	位置	主要服务对象	主要特点
学校型	大、中、小学校周边	学生为主，销售受双休日、寒暑假影响大	消费人群以学生居多，消费金额不高，但消费频率较高
医院型	医院周边	以医院职工、病人和探望人员为主	处于大、中型医院附近位置，礼盒、鲜花、水果等购买率较高
工业区型	工业厂区周边	相对封闭的厂区工作人员为主	工业区的消费者一般为打工一族，消费水平较低，但消费总量较大
农村型	郊县、镇、村周边	当地农民为主	消费群体为当地从事农业生产的住户和其他社会单位人员

4.1.2 营造温馨的销售氛围，提升顾客的购物体验

随着消费者的消费行为逐渐成熟，现代消费者追求的已经不是单一的购物需求，而是一种消费体验，便利、放心、舒适、充满乐趣的购物体验是选择购物场所的重要依据。加油站的顾客无论车辆价值高低，都是有一定经济能力的人士，对消费环境的要求相对较高，销售氛围的好坏决定了消费者是否做出消费行为。优美的购物环境可以延长消费者在便利店的停留时间，增加顾客了解商品的机会，激发消费者对商品的兴趣，激发消费者的购买欲望并形成销售。作为经营者，应努力迎合消费者的需求，营造环境整洁、氛围舒适、商品丰富、服务热情的购物环境。

1）树立明确的设计风格和便利店品牌

加油站便利店要有自己的品牌和建设标准，尤其连锁便利店更要统一风格和装饰，易于顾客辨识，提升品牌效应。便利店的正面和侧面都要有招牌，色调应明亮、突出、对比强烈，鲜明地体现品牌的标志和品牌的名称，指示正面位置，引起司乘人员对便利店的注意。

2）通过良好的店面设计（入口、橱窗、颜色、地面等），营造舒心的购物环境

为便于管理，加油站便利店建议只设置1个出入口，朝向加油区。依据便利店类型和客流量，出入口宽度设置为2～4米，避免产生堵塞。同时，便利店面向加油区的一面墙全部设置为橱窗，保证店外人员的视线不受到任何阻碍而能够直接看到店内。加油站便利店的装潢效果应符合品牌定位，突出商品特色，店内不宜采用过于鲜艳的色彩，以免喧宾夺主，分散顾客对商品的视觉注意力，天花板、地面和墙壁墙应采用纯色，凸显整洁、干净，给人产生较大空间的视觉效果。

3）通过合理安排店内布局和功能分区，延长顾客停留时间，便于顾客寻找购买商品

具体来说，应按照不同的商品种类科学设置分区，便于顾客寻找和选购目标性商品。

（1）加油顾客一般要到店内刷卡、交款或开具发票，加油站便利店的收银区为顾客进入店内的目的区，位置设置要使顾客在店内行走路线最长或最大限度延长热点区域，使顾客能看到或接触尽可能多的商品。

（2）加油站便利店通道尽可能直而长，减少弯道和隔断，通行顺畅，使顾客不易产生疲劳和厌烦感，潜意识地延长在店内的逗留时间。货架的高度要适宜，中岛货架高度建议设为1.2米，靠墙单面货架高度建议设为1.8米，货架最上层的商品正好持平或略高于顾客自然视线。通道宽度以能让2个人及其购物篮并行为宜，若通道宽度超出顾客手臂或者视力所及范围，顾客往往会只选择单侧商品；如果宽度不够，购物空间容易给人压抑的感觉，影响顾客行走的舒适性。

（3）便利店店内堆头一般搭在加油站收银台附近或正对入口通道的位置，这些位置为顾客必经之路，属于店内热点区域，可用来作为新商品、促销商品、滞销处理商品、标志性商品等重点品类的销售区域。建议店内堆头的长度和宽度保持在1米左右，高度不要超过1.2米，以免

阻隔顾客视线，造成购物通道不顺畅。

4）通过光线，营造一种让顾客留连忘返，不断进行消费的氛围

加油站便利店的灯光应采用暖色调的节能灯，因其照明度较为均衡，能较好地反射商品的原始色彩，而且能耗较低，符合当前绿色能源、低碳环保的要求。便利店灯光要始终开具，保证店内的光线始终高于室外光线，提升便利店的视觉吸引力。店内的灯管亮度一般不得低于900勒克司，店内深处或边角位置，照明度要略高，不得低于1200勒克司，用加强的灯光弥补顾客对便利店边角区域的模糊视觉。

5）通过声音引起客户的听觉共鸣，进一步引发情绪共振

人的听觉是通向语言的途径，音乐能表达和影响人的情感，快速和愉快的音乐可以消除肌肉的疲劳，优美欢快的旋律可以使消费者产生好的情绪和情感，从而增加购买的可能性。建议在有播放条件的店内每天早、中、晚播放不少于2小时的背景音乐。

6）通过美妙的气味激发顾客的消费欲望

据调查显示，嗅觉最值得赞扬的能力是能唤起记忆力。对于已开展快餐业务的便利店，应通过烤肠、爆米花、咖啡等快餐食品营造现场的香味；对于没有开展快餐业务的便利店建议在每天的7点、11点、17点通过熏香壶用咖啡粉或咖啡料包进行超过30分钟的熏香，通过浓郁、芬芳的气味来提高便利店的商业氛围，刺激消费者购买欲望，提升顾客对店面的感官印象。

4.2 精细商品选择，优化商品结构，满足顾客多样化需求

老吴全家周末出游，虽然前一天晚上已经加满油，但出发后，他还是径直将车开到加油站。原来，由于出门匆忙，老吴忘记带手机充电线，想到加油站便利店购买一根，应急使用。在询问店员之后，得到的却是令人失望的答案。像这样的案例，每天在加油站不断上演，对此，深刻地理解、科学地运用从品类管理到商品选择的方法，才是解决问题的根本之道。

4.2.1　商品分类讲究多

据了解，在大中型城市，可供零售企业出售的单品数一般在40万以上。当前，加油站便利店经营面积受加油站场地的制约，不可能无限扩大，更不能因店设站。一座加油站便利店一般容纳的单品数在1000个左右，即便考虑各种类型便利店的差异性，能够实现的单品数一般也不会超过3000个，要想选出适应消费者需求的商品，想必要使尽洪荒之力了。因此，加油站便利店经营者要从做好商品分类入手，不断地优化商品结构，用数据分析指导经营，进而适应消费者日益多样化的需求。

近年来，随着加油站非油品业务的快速发展，加油站便利店作为特殊属性的消费场所应运而生。随着人车生活生态圈的逐步建立，加油站便利店的商品分类也随之逐步完善，与其快速发展相适应。

1）大分类

为了便于管理，加油站便利店按商品的综合属性划分大类，主要属性包括商品的生产方式、销售方式、使用范围、储存方式等。目前，加油站便利店常见的大分类为香烟、包装饮料、散装饮料、奶类、酒类、糖果、零食、家庭食品、雪糕、饼干糕点、面包、速食、日用品、清洁用品、个人护理用品、办公图书音像、药品计生保健、汽车用品、通讯数码电脑、润滑油、化工农资及其他等。

2）中分类

中分类的方法根据销售经营策略不同而有所区别，可以参考以下几种方法。

（1）按商品功能、用途划分。

功能用途划分是最常见的分类方式之一。例如个人护理用品大分类中，可以划分为护发、护肤、化妆品、沐浴用品等中分类；又如，加油站便利店为了满足加油站司乘人员吃早餐的需求，还可以根据关联性设置中分类，如饼干糕点大分类中，可划分"营养早餐"的中分类，为顾客提供奶酪、面包、果酱、麦片等商品。

（2）按照商品制作方法划分。

有些商品功能和用途不尽相同，用以上方法很难具体区分分类属性，此时可以考虑用制作方法进行划分。例如家庭食品和速食大分类中均有火腿、肉罐头、炸鸡、熏肉、腊肉等即食商品，这些从功能和用途等方面无法区分，但制作方法近似，因此可以设置成"加工肉"中分类。

（3）按照商品特性划分。

通常在店面经营中，经营者希望将某些商品的特性作为卖点，为消费者购物提供便利，但又须加以管理和分析，这种情况可以通过商品的特性作为划分依据。例如有些加油站便利店关注其商圈内的外国顾客，特别注重进口食品的经营，可以列出"进口饼干""进口饮料"等中分类。又如，有些加油站便利店重视自驾游顾客，可以列出"自驾服务""户外用品"或"应急救援"等中分类，这样既有利于商品的进销存管理，又有利于店面陈列与数据分析。

3）小分类

小分类是对商品进一步的描述和细分，常见的划分方法有：按功能用途划分，例如纺织品分为服装、内衣、袜类；按规格包装划分，例如纸类用品分为卷筒纸、手帕纸、抽纸等；按商品成分划分，例如纯牛奶分为全脂奶、低脂奶等；按商品口味划分，例如硬糖分为水果糖、薄荷糖、奶糖等。

4.2.2 商品扮演的品类角色

商品按照不同的属性进行分类后，还是不足以指导加油站便利店进行商品选择，因为每一种商品在便利店品类中都扮演着不同的品类角色。商品的品类角色不是一成不变的，一般每年度或者市场表现出现重大变化时，应及时调整相应定位和策略。精准的商品品类角色定位可以更好地为加油站便利店的商品选择、陈列、定价、促销提供依据。现在就让我们了解一下商品的角色定位。

1）目标性品类

目标性品类是便利店的标志性商品，经营者通过目标性品类向顾客传递便利店的定位与经营理念。顾客购买这类商品会首选某一个便利店，并愿意花费更多的时间与精力去购买。该品类一般占店内品类的比例是10%～15%。加油站便利店精准的人车定位，使汽车养护用品、润滑油及汽车服务成为该类加油站便利店特色的目标性品类。

2）常规性品类

常规性品类为相同业态共有的品类商品，满足目标消费人群常规性和多方面的购物需求，品类一般不存在太大差异。经营好常规性品类是便利店稳定发展的前提条件，一般占店内品类的比例是50%～60%。

3）便利性品类

便利性品类对于便利店来说尤为重要，虽然该角色的商品占比不大，一般在10%左右，却能够满足顾客一次性购买或应急的需要，该类商品可在一定程度上提高毛利。加油站便利店一直围绕着人车生活的理念，为顾客提供一站式购物体验，例如书刊杂志、汽车应急救援用品、旅行用品、营养餐食等都是满足顾客便利性的需求。

4）季节性品类

季节性品类是迎合季节变化、重大节假日或社会热点事件而出现在店内的品类。季节性商品具有时效性，一般与应季、应节促销一同出现。持续更迭的季节性品类，有助于便利店树立形象，提高竞争力，成为一段时期便利店内的利润增长点，占便利店内品类的比例一般是10%。

4.2.3　商品选择三法教你hold住消费者需求

小李经营着一家新开业的便利店，由于经验不足，通过半年的经营数据分析，该店平均库存周转天数为60天，而供应商平均付款天数为45天。随着时间的推移，这两项指标的差距还在持续扩大。这说明，该便利店无法用经营的收入支付供应商货款，拖欠货款成为家常便饭，长期这样运营下去，一旦资金链断裂，关门歇业的危机随时变为现实。试问原因何在？商品结构混乱、畅销品短缺而滞销品堆积是主要原因之一。

商品结构调整应该以顾客为中心，销售的商品是否适应加油站便利店所在商圈及目标客户定位是店面经营应首要考虑的问题。毕竟，便利店存在的意义就是让顾客买到需要的商品，获得愉快的购物体验。如果不能发现商品构成存在的不足，就不可能更好地选择商品。长此以往，供应商推什么，便利店就卖什么，需求与供给导向倒置，将形成恶性循环。

下面给大家介绍3种商品选择的常用方法。

1）必有必保商品分析法

举例来说，某便利店分析POS机经营数据发现，50%的单品实现了50%的销售额，这能说明什么问题呢？通过分析，该便利店存在主力商品缺失或者不明确现象，这证明店面经营的商品什么都能卖一点，但什么都卖不好，商品结构存在明显的问题。那么单品数与销售额占比多少才属于正常呢？根据行业内的实践来看，以小分类为例，便利店一个小分类中单品数量30%的商品，对该小分类综合贡献度[①]占比之和达到70%较为合理，这30%的商品即为必有必保商品。如果超出正常范围，采购部门和运营部门应首先从改善商品结构入手，这样可以事半功倍。

（1）不同分析结果的解决方法。

确定必有必保商品会遇到以下3种情况，以某一个小分类为例，按单品综合贡献率排行由高到低汇集30%的单品数。

a.综合贡献率占比之和小于70%，说明该小分类单品数量多，商品结构没有侧重，没有主力销售商品。

解决方法：按照综合贡献度排名，淘汰滞销商品；调整重点培育商

[①]综合贡献度是根据销量、销售金额、毛利额综合测算出来的指标。特别注意，在确定必有必保商品时，不能单一考虑某一个指标，有些商品销售额高可能是因为单价高，而销量并不好；或者有些销量高但毛利水平低的商品不应确定为必有必保商品，应综合考虑3个指标。功能性作为综合贡献度的调整值也应考虑，大多数商品的功能性设为1，对于不可替代的商品设为1.2（如润滑油SN15w-40），可替代的选择性商品设为0.8（如可口可乐1.25L与可口可乐2L）。测算公式是综合贡献率=（日均销售量占比+日均销售额占比）×功能性。

品的陈列，给必有必保商品提供更多的销售机会。

b.综合贡献率占比之和大于70%，说明该分类商品品种太少，商品销量仅仅靠少数商品贡献，顾客可选择的余地较小，甚至出现顾客流失的现象，直接影响便利店的销售。

解决方法：分析目标人群需求，有针对性地引进新商品，为顾客提供更多的商品选择。比如：方便面只有康师傅一个品牌的两种口味，可以增加不同品牌、更多口味的碗装面，如统一老坛酸菜牛肉面、日清葱油拌面等等。

c.如果综合贡献率占比之和在70%左右，说明该分类商品结构基本合理。

（2）必有必保商品分析需要注意的关键点。

a.分类范围。按照品类管理的通用法则，尽可能保留全部小分类。任何一个小分类，即使是滞销小分类中也会有必有必保商品，不能因为这个小分类整体销售额或销量低就取消这个小分类。如果店面小分类中的商品不适合目标客户人群，选择中分类作为分析对象。

b.提取基础数据。数据提取按照季节的变化，一般以3个月为宜，提取跨度时间越短，分析越不具有可参考性；数据提取均为在售商品，确定淘汰的商品不在提取范围内，一般数据依据单品的销量、毛利额、销售额、合同销售扣点、营业外收入的顺序进行分析提取。

c.确定日均值。由于每个单品上架时间不尽相同，计算日均销量或日均销售额时，不能简单地把全部单品都除以相同的天数，应该按照每个单品实际上架天数分别计算。

d.不可替代性。不可替代的必有必保商品要尤为注意，必有必保商品缺货时不能用其他商品来填满货架，这会导致便利店内品类缺失。

e.单次调整比例。必有必保商品最多可以按照15%的比例进行调整。比如有100种必备商品，可以每月或每季度调整其中的15%，即15种单品，并调整其陈列位置。

f.调整单品数量。当30%必有必保单品的销售综合贡献率总和不到

70%时，应调整单品数量的比例，在确保70％的综合贡献率占比的前提下调整单品数量。

g.综合贡献度分析还需要考虑促销因素。

2）价格带分析法

同一品类商品中最低售价和最高售价的区间范围称为价格带。价格带的宽度应该与目标消费人群相匹配。商品价格带分析能够帮助便利店锁定目标顾客，选择不同价格带的商品用以满足不同消费水平顾客的需求，并可以有针对性地开展商品采购、指导商品陈列、实施竞争对手调查。在精准定位消费人群的前提下，缩小价格带范围，选择适销对路的商品销售，是价格带分析法的目的所在。

价格带分析与目标顾客分析往往是你中有我，我中有你，相互印证。通过价格带分析可以精准地定位目标消费人群，同时目标顾客分析也可作为商品价格带调整的依据。加油站便利店可以通过周期动态的分析与验证，最终确定商品理想的价格点，精准地服务加油站顾客，从而衍生出与之相匹配的人、车、生活服务，形成商品选择机的良性循环。

（1）与竞争对手价格带对比分析。

某加油站便利店分析商品价格带构成时发现，家庭食品（大分类）—粮（中分类）—米（小分类）下的商品构成是10元、35元、68元、108元共4款商品。假设，通过竞争对手调查得出，其价格带构成为9元、28元、54元、88元，则该便利店的商品选择定位高于竞争对手。当主力消费人群为中低收入时，顾客通过比较会选择到竞争对手处购买商品；反之，如果该便利店的大米销售情况优于竞争对手，就验证了该便利店消费人群属于中高收入人群。

（2）价格带宽度对比分析。

某新开业加油站便利店目标顾客不是很清晰，想通过分析价格带宽度锁定目标消费人群。以国产白酒为例，该店首批进货的商品售价构成为20元、45元、120元、220元共4款商品。通过一段时间的经营数据分析，220元白酒的商品综合贡献度高，销售较好，证明该店消费人群具有一定购买力，可以考虑减少20元低端白酒的单品数量，增加高端白酒的选择范围，缩小价格带，精准服务顾客，反之亦然。

价格带分析及调整中的注意事项如下。

a.遵从品类管理分析。价格带分析本质是针对小分类而言，它不是仅仅分析单品价格，还需要与品类、品牌、便利店位置、季节、促销联动等因素结合起来分析。价格带客观性分析是便利店寻求正确合理的价格体系，从而找出畅销商品的方法。

b.参考目标消费人群分析。价格带分析还应考虑周边商圈的目标消费人群，不同年龄、性别、职业、家庭成员、购买力等因素都可以作为商品价格带的参考条件加以分析，从而影响商品的选择。

3）便利店区位环境分析法

加油站便利店的基础客流来源于加油顾客。研究发现，汽油顾客的油非转换率高于柴油顾客，其中高标号汽油顾客消费能力则更强，单纯地用加油量来衡量便利店销量显然不合时宜。而影响油品销售构成与顾客结构的，恰恰是加油站所处的区位环境。分析商圈[1]和主力消费人群的构成是便利店商品选择与店面分级的必要条件之一。

依据地理位置及周边商圈来划分，加油站便利店可分为市区、郊区及国省高速公路、村镇3种类型。

（1）市区类型加油站便利店巧选商品。

消费人群画像：市区加油站的目标顾客主要为职业司机群体（包括公务车和出租车）、私家车主及加油站附近的居民。加油站作为这几类人群工作和生活的周边配套设施，其顾客消费相对稳定，一般会形成固定的消费习惯，消费能力较强。他们注重服务品质与消费体验，对品牌

---

①商圈一般包含3个层次，即核心商圈、次要商圈、边际商圈。加油站便利店主要顾客是加油车辆的司乘人员，其商圈的辐射范围大于一般便利店的500米，最大可以扩展至5000米。不同层次商圈来客数占该店顾客总数一般为核心商圈50%～70%，次要商圈15%～25%，边际商圈5%左右。商圈调查通常需要了解人口分布、交通状况、消费人群构成、经营条件、竞争对手等情况。

有一定的认知，往往选择自己固定的加油站消费且不易改变。

策略一：市区加油站便利店一般地处城市中心，周边配套商业众多，消费者很容易购买到自己想要的商品，并且常规性品类的差异化较小，价格竞争激烈。这种类型的加油站便利店消费人群购买力存在差异，商品选择时应该拉宽价格带，以满足不同顾客多样化的需求。合理配置符合加油站消费场景的常规性品类，对顾客敏感的商品价格不宜定得过高，成熟的油企可以通过开发自有品牌商品来提高商品的盈利能力。

策略二：职业司机群体往往消费能力较弱，但进站加油的频次高于一般私家车主，他们非常关注商品价格。针对这个群体，便利店可以销售有提神功效的功能性饮料、香烟、口香糖，消磨时间的书刊报纸，方便快捷的小吃和快餐等，还可以增加彩票、清洗座套或免费休息室等增值服务来吸引这部分顾客消费。

策略三：私家车顾客群体与职业司机消费特点截然不同，这部分人群多是居住或工作在加油站便利店附近，价格敏感度低，要求高品质的商品和消费体验，愿意尝试新品。在商品选择策略上，可以销售粮油、进口食品、高档烟酒等日常消费品；建议增加设置专区，用来经常更新季节性品类商品；另外还可以提供代发快递、水电燃气代收代缴、移动支付等服务，丰富客户消费体验。

（2）郊区及国省道高速公路类型加油站便利店巧选商品。

消费人群画像：郊区及国省道、高速公路加油站目标客户主要为长途客货运输司机及旅客或自驾游车主，他们一般不是生活在周边，而是伴随着停车休息、补充燃料、检修车辆等目的来到加油站的。

策略一：长途客货运司机及旅客长时间处于密闭的车内，容易产生应急性和补充性需求。这类加油站便利店的商品品类不一定大而全，但商品选择要有针对性，如即食类餐食、旅行套装、饮料、日用纸品等补充性消费品是店内商品的首选，这些商品因为竞争压力不大，可以保证一定的利润空间。该类便利店不宜选择大规格家庭装的商品。

策略二：随着人们收入水平的提升，不少车主选择节假日自驾出游，郊区旅游沿线加油站销量存在明显的波峰和波谷现象。随着自驾旅游的兴起，自驾游人群成为加油站便利店的新型消费人群。除了满足这部分消费者与上述顾客群体相同的需求外，便利店在商品选择方面还应该侧重汽车救援服务、汽车养护用品、旅游特色产品、当地特产等应节应景的商品，利用跨界营销打造旅游郊区加油站生活服务平台。

（3）村镇类型加油站便利店巧选商品。

消费人群画像：村镇加油站的目标顾客主要为农用车辆使用者，村镇通勤班线司机等。这类人群的收入水平与消费能力普遍不高，价格敏感度较高。

策略：为了满足农村消费者日常生产的需要，商品选择应重点突出功能全、实用性强、性价比高，可以利用加油站网络优势，提供保质保量、高性价比的日常消费品或农资产品，如农药、种子、化肥等。同时，尽量减少大包装、精包装、高价位、高档次和花式、礼盒装商品。随着农村电商经济的发展，还可以与快递合作，解决村镇物流最后一公里的问题。

加油站区位的多样性，使得加油站便利店客观存在与其他便利店业态相比更为复杂的商圈环境。加油站商圈类型与主要服务对象不一定存在——对应的关系，往往商圈与商圈间、消费人群与消费人群间还存在交叉关系。根据商圈与服务对象分析，可列举相关经营品类供便利店经营者参考（表4-4）。

表4-4　不同商圈类型便利店主要经营品类建议

商圈类型	主要服务对象	主要经营品类
社区型	社区居民为主	目标性品类：汽车用品、润滑油 常规性品类：香烟、酒类、包装饮料、家庭食品、奶类、日用品、清洁用品等 便利性品类：个人护理用品、药品/计生/保健、办公图书音像 季节性品类：雪糕

商圈类型	主要服务对象	主要经营品类
流量型	上班族和出游人群为主	目标性品类：香烟、汽车用品、润滑油 常规性品类：包装饮料、饼干/糕点、糖果、面包、速食、奶类、日用品等 便利性品类：个人护理用品、办公图书音像 季节性品类：雪糕
商务型	高收入商务人士	目标性品类：香烟、汽车用品、润滑油 常规性品类：奶类、面包、速食、包装饮料、饼干/糕点、糖果、零食 便利性品类：办公图书音像、个人护理用品 季节性品类：雪糕
学校型	学生为主，销售受双休日、寒暑假影响大	目标性品类：汽车用品、润滑油 常规性品类：包装饮料、饼干/糕点、糖果、零食、速食、奶类、面包、日用品、个人护理用品 便利性品类：办公图书音像、办公用品、药品/计生/保健 季节性品类：雪糕
医院型	以医院职工、病人和探望人员为主	目标性品类：汽车用品、润滑油 常规性品类：酒类、奶类、面包、速食、包装饮料、饼干/糕点、糖果 便利性品类：零食、日用品、清洁用品、个人护理用品 季节性品类：雪糕
工业区型	相对封闭的厂区工作人员为主	目标性品类：香烟、汽车用品、润滑油 常规性品类：酒类、家庭食品、包装饮料、饼干/糕点、奶类、日用品、清洁用品、个人护理用品 便利性品类：办公图书音像、药品/计生/保健 季节性品类：雪糕
农村型	当地农民为主	目标性品类：香烟、汽车用品、润滑油、农资 常规性品类：酒类、家庭食品、包装饮料、奶类、日用品 便利性品类：个人护理用品、药品/计生/保健 季节性品类：雪糕

4.2.4 商品的采与购

以上我们掌握了一些商品选择的方法，能否顺利地选择适销对路的商品，将其保质保量地销售给顾客，商品的采购环节也是至关重要的。

1）选商有技巧

供应商的选择是商品流转的第一步，这就犹如培养孩子，一个乖巧听话的孩子与负责任的家庭教育是密不可分的。加油站便利店在经营过程中，应寻求稳定、优质的渠道供应商，持续优化供应商资源配置，达到供求双方互惠双赢的目的。

（1）供应商的分级。

就目前加油站便利店发展的现状来看，连锁渠道的供应商一般分为4个级别。

a.战略合作供应商。

一般为国际和国内知名品牌或在某一领域具有领先优势的企业或事业法人，具备全国范围服务能力，设有专门的部门和人员负责渠道维护的供应商。

b.全国合作供应商。

为国内和地区知名品牌或在某些区域具有独特优势的企业或事业法人，具备全国大部分地区的服务能力，并配备专门人员负责渠道维护。

c.区域合作供应商。

为地区知名或特色品牌的企业或事业法人，具备主营地区的服务能力，并配备专门人员负责渠道维护。

d.地方合作供应商。

为某一地区或地市知名、特色或季节性时令商品的企业或事业法人，具备在当地市场的服务能力，并配备专门人员负责渠道维护。

（2）供应商选择的基本条件。

a.注册资金的要求，要结合连锁企业经营情况，根据供应商的不同级别进行确定。

b.具有良好的商业信誉、服务信誉、企业信誉。

c.具有健全的财务会计制度和良好的财务状况，无偷漏法定税款和社会保险的不良记录。

d.具有优势商品或服务。

e.具有健全的生产（服务）及商务管理流程和制度，具备履行合同所必需的设备、专业技术和供配货的服务能力。

f.定期为加油站便利店提供商品促销活动支持，并对活动的数量和质量提出要求。

2）选品有条件

供应商通过资质审查，并不代表供应商提供的每一个新品和每一批次商品都是合格的。尤其在新品引进的过程中，选择商品的条件更应引起经营管理者的重视。

（1）新引入商品需提供样品实物、产品授权书、质量检测报告、商品报价单。进口食品另需提供出入境检验检疫局出具的进口食品通关单及反映产品特定属性的证明材料。

（2）新品的引入要以消费者需求为导向，顾客需要什么，店面就引进什么。另外，对于市场上的主流或具有领导地位的品牌商品、总部战略合作品牌或自有品牌商品应优先引入。

（3）引入新品时还应考虑毛利率、客户认知度、供应商配合度和促销支持力度等因素。

（4）新品引入后，一般先进行试销，新品试销期一般为3个月；在试销期间跟踪新品销售情况，依据新品在各品类中的综合贡献度，确定是否引进新品。

4.3　打造有生命力的陈列，让商品"说话"

曾经有这样一件趣事：小李在某超市工作，负责个人护理用品货架的理货和销售，她每天都将不同品牌、不同规格和功能的牙膏和牙刷分开陈列，这样便于顾客选购适合自己的商品。但是细心的小李发现，牙膏消费频次一直高于牙刷，这是因为牙膏是易耗品，而顾客往往会忽视牙刷的更换周期，导致牙刷的销量一直上不去。小李按照自己的思路调整陈列，将牙刷陈列在牙膏的上面，并且贴上了一张"为了保证您的健康，最好3个月更换一次牙刷"的提示语。就是这一句温馨的提醒，让顾客在选购牙膏的同时也想到更换牙刷，这样牙刷的销量也就大幅提升。从此，这个超市的牙膏与牙刷开始摆放在一起。由此可见，一个具有生命力的陈列，能够向顾客传递经营者想要表达的信息，并对销售业绩的提升产生积极的作用。

陈列是商品在店内生命周期的重要展现环节，经营者应当利用商品固有的性能、形状、体积、色彩和样式等客观属性，辅以陈列道具，将利于商品销售的那面展示给顾客。一个赏心悦目、干净整洁、主题突出、分类明确的陈列，可以起到引导顾客动线、刺激购买欲望、提高购买概率的作用，使加油站便利店经营者达到便于品类管理、优化店门布局、扩大盈利能力的目的。

4.3.1 陈列八原则

商品陈列不是简单的商品摆放，一些加油站便利店店面经营者在选对了商品的同时，不注重商品陈列，导致本应成为店内潜在畅销品的商品，最终沦为被清理的滞销品。原因很简单，一个好的陈列要遵循一些原则，才能生动地发挥商品应有的创效能力。

1）品类角色原则

商品的品类角色定位，便于便利店在消费者心目中树立其独有的形象标签。例如目标性品类，提到永辉超市我们就会想到它经营的生鲜，提到麦德龙、山姆会员店我们就会想到实惠的大包装会员制商品。在消费者心目中这些特色的品类都被贴上了相关经营者标签。因此，陈列应突出商品的品类角色特性。

2）顾客安全原则

陈列商品要满足最基本的安全需求，严控商品品质，坚决不能将过期、变质的商品陈列上架；并且特殊陈列还应注意商品摆放的稳定性，陈列道具和货架设施安装结实、无松动脱落现象；堆头陈列不能阻碍店内外消防通道及人车正常通行。

3）顾客便利原则

商品陈列要方便顾客拿取及放回，货架上商品顶端与上层货架的间距3～5厘米。堆头不高于1.2米，店内堆头要割箱陈列，以方便顾客拿取。

4）显而易见原则

陈列商品必须将带有中文标识或主形象标识的一面展示给顾客，同一商品在同一展示面的陈列方向必须一致，不得遮挡；价格标签上的品名、价格等信息要醒目，并摆放在商品左下角，重复陈列的商品只需在不同层板各放置一个价格签即可。

5）饱满陈列原则

货架、堆头和特殊陈列的商品数量要充足，必须做到满架陈列。中岛货架单品陈列建议最多不超过4个陈列面（促销品或新品除外），最少不低于2个陈列面（大规格除外）。促销商品陈列要具有视觉冲击力，做到丰满陈列，且不能小于相邻正常商品的陈列面；促销商品缺货时，应放置"商品暂缺，敬请谅解"的提示向顾客进行告知。

6）商品属性原则

货架按高度可分为4段，所对应的商品属性各有侧重。

150～180厘米为上段：一般陈列店内强烈推荐的商品，或重点培育的商品，销售占比约10%。

90～150厘米为黄金陈列位：这个高度是人们目光平视的高度，一般陈列高毛利商品、自有品牌商品和畅销商品，销售占比约40%。

50～90厘米为中段：一般陈列低毛利但顾客需求量大的商品，也可陈列已经进入衰退期的商品，销售占比约25%。

50厘米以下为下段：这个高度一般不容易被顾客发觉，陈列一些低毛利、体积大、重量大的商品，销售占比约25%。

7）先进先出原则

商品补货时应当将距离有效期近的商品靠前或靠上进行陈列，避免出现过期或临期商品，以保证所有顾客都能购买到符合质量要求的商品。

8）关联陈列原则

关联陈列是按照顾客日常生活的某些习惯，商品组合陈列展示，以方便顾客选购，逐步培养顾客的消费习惯。

4.3.2　商品陈列有章法

1）横向陈列

将商品横向排列的一种陈列方法，通常是同类、同规格、不同型号（味道）的商品用这种方法，方便消费者在同一视线水平选择适合自己的商品。例如同一品牌同规格不同口味的薯片横向陈列，便于顾客在自己想要的规格中选择不同口味。

2）纵向陈列

将同类、不同规格的商品在货架上进行纵向排列的陈列方法，消费者只需上下移动目光即可选择适合自己规格的商品。例如，同一品牌不同规格同功能的护发产品按照纵向陈列，顾客纵向看可选择适合自己所需规格的商品，横向看可选择符合自己所需功能的商品。

3）关联性陈列

为了方便顾客消费相互关联的商品，将有关联性的商品一起陈列。例如，啤酒和熟食一起陈列，大米和电饭锅一起陈列等。

4）错位陈列

在同一组货架上，针对不同的种类商品，可以将货架调整成不同高度，使顾客从陈列上区分出各品类，形成视觉冲击力；但陈列的展示面不宜过短，品类不宜过多，以免给顾客凌乱无序的感觉。

5）特殊陈列

针对特殊商品采用的一种比较独特的陈列方法，如促销品、新品、库存积压商品、季节畅销品、节日商品、目标商品等。它可以通过供应商提供的专门陈列架进行陈列，还可按季节、节日、消费对象、各种主题、用途等进行组合集中陈列，从而提高便利店陈列的鲜活度，增强广告效果，刺激顾客消费。

4.3.3 陈列图管理

陈列图是商品的身份证明，编制陈列图应考虑品类数据分析、促销活动等因素；陈列图可以帮助店员对库存商品数量进行管控，指导店员完成陈列工作。陈列图实施动态管理，加油站便利店一般每月更新一次，陈列商品要与陈列图一一对应（图4-1）。

陈列方向：序号1商品从左到右

架型	层	内容说明	必列品						选列品	
			1	2	3	4	5	6	7	8
平架	1	品名	红牛维生素功能饮料250ML	红牛维生素功能饮料250ML	红牛强化型250ML	红牛强化型250ML	名仁苏打水360ML	名仁苏打水360ML	名仁6个柠檬360ML	名仁6个柠檬360ML
平架	2	品名	红牛维生素功能饮料250ML	红牛维生素功能饮料250ML	红牛强化型250ML	红牛强化型250ML	名仁苏打水360ML	名仁苏打水360ML	名仁蓝苏打水350ML	名仁蓝苏打水350ML
平架	3	品名	尖叫（活性肽）功能饮料550ML	尖叫（活性肽）功能饮料550ML	尖叫（纤维）功能饮料550ML	尖叫（纤维）功能饮料550ML	昆仑山天然雪山矿泉水350ML	昆仑山天然雪山矿泉水350ML	可口可乐冰露矿物质水550ML	可口可乐冰露苏打水350ML
平架	4	品名	尖叫（植物）功能饮料550ML	尖叫（植物）功能饮料550ML	尖叫（植物）功能饮料550ML	尖叫（植物）功能饮料550ML	昆仑山天然雪山矿泉水510ML	昆仑山天然雪山矿泉水510ML	农夫山泉饮用天然水550ML	农夫山泉饮用天然水550ML

图4-1　商品陈列图

陈列图（图4-1）包括以下内容。

（1）货架类别：货架陈列的品类、规格、层数、编号。

（2）日期：陈列图更新的最后日期。

（3）陈列方向：陈列方向一般为从左至右进行编制。

（4）架型：陈列一般分为平架、斜架、挂架3种架型。

（5）挂孔位：是指安装层板时的孔位数，一般标示出下层板托臂最上方和上托臂最下方的孔位。

（6）商品类型：分为必列品和选列品。

（7）商品信息：一般包括商品名称、系统编码、陈列面数量和每个排面的单品数量。

4.4　科学选择定价策略，让顾客愉快地接受商品价格

定价，是便利店经营的关键环节。多数情况下，价格是影响消费者购买行为的主要决定因素。因为加油站便利店的特殊性，顾客消费行为更多是为了便捷，价格的影响因素相对社会便利店要弱些，但仍是决定销售额和盈利率的重要因素。作为经营者，既要尽可能获取高额毛利，又要考虑顾客对价格的接受程度，如果价格得不到顾客的认可，其他营销活动也无法收到预期效果。

4.4.1　影响定价策略的因素

便利店定价首先要有总体价格决策方针，在总体的价格决策下，针对不同的店面和品类运用不同的定价方法实施定价。在进行价格决策时，必须考虑品牌定位、目标顾客、便利店形象、周边环境等因素。

1）价格与市场价格一致

便利店没有独特的竞争优势，可按行业经营品种的市场售价来制定销售价格。

2）价格高于市场价格

在开设地点、服务水平、消费环境、店内氛围等拥有竞争优势，商品售价可高于市场价格。

3）价格低于市场价格

业务经营费用比较低、存货周转速度快、为顾客提供的服务在最低限度，想通过价廉来提升销量，可制定低于市场价格的商品售价。

加油站便利店在营业时间、商品定位、客户群体、地理位置等方面不同于普通的超市、卖场，因此在价格上不能盲目与其进行比较，价格定位整体上应该与其品牌定位相吻合，针对其目标客户群体制定合理的价格。便利店有节约顾客出行时间和成本的优势，价格制定时除要考虑经营成本外，还应考虑所节约的时间成本。尼尔森调查数据显示，顾客为了方便，愿意支付高于大卖场的价格，平均可接受的溢价不高于30%。

4.4.2 定价原则

定价要追求毛利率在合理状态，实现利润最大化，并使核心顾客、企业自身、合作供应商、行业竞争者等都得到满意。加油站便利店对店内商品实施零售定价制定时需要遵循以下原则。

1）价格统一原则

虽然不同的区域经济水平和顾客消费水平有所不同，定价时应保持一定弹性，但弹性定价必须以公司的策略为准则，避免区域间、站点间陷入盲目的内部价格竞争。

2）尊重厂家原则

某些商品，尤其是知名品牌商品，厂家一般有统一的市场指导价，防止价格体系混乱，作为零售商，便利店应尽量遵循其指导价格，不要与市场背道而驰。

3）吸引顾客原则

将价格敏感性高、差异不大且较畅销的商品以策略性的"低价"销售，以平衡顾客对"贵"的感觉。

4）定期折让原则

每月选择部分品牌商品进行价格折让，折让商品定价参考超市商品的价格，并定期更换商品种类，提升顾客进店率和购买率。

5）高毛利率原则

由于便利店的便利和服务提升了商品的附加值，便利店商品的毛利率一般在30%左右，不同商品种类毛利率存在差异，可以分品类和商品组合确定毛利标准。

6）价格凑整原则

便利店顾客对结算的快速和便利要求较高，便利店商品价格应尽可能凑整，如果有不足1元的部分，最小应设定为0.5元，减少结算找零的时间。

4.4.3　定价方法

在正确理解定价原理和定价原则的基础上，遵循整体的定价策略，依据经营成本、顾客需求及竞争等状况，选择科学的定价方法和有效机会点进行趋利避害的科学定价。目前行业内使用最多的定价方法有成本导向定价法、竞争导向定价法以及顾客导向定价法。

1）成本导向定价法

成本导向定价法指依据商品的单位采购成本，考虑经营者的利润需求来确定销售价格。该方法是经营者使用最多的基本定价方法。

成本导向定价法属于卖方定价导向，是基于经营者自身对商品销售数据的主观预测的定价方法，实际效果与预期目标存在差异。使用该方法时，要充分考虑目标顾客需求和市场竞争状况，以提升定价的科学性。

2）竞争导向定价法

如果便利店存在直接竞争对手且竞争性较强，经营者参考竞争对手的商品、服务及价格等因素，结合自身的竞争实力和经营成本制定商品销售价格。该定价方法就是竞争导向定价法。

竞争导向定价法主要参照竞争者的价格制定，跟随竞争者的价格变动进行相应调整，不直接考虑商品成本和顾客需求，如竞争者的价格变动则随之调整自己的价格，竞争者价格不变则同样维持不变。使用竞争导向定价法，并不意味着价格和竞争者价格完全一致，只是变动趋势一致，否则会影响定价策略的执行和总体经营目标的实现。经营者可以通过使用多种营销手段进行配合，商品价格可以高于或低于竞争者的价格。

3）顾客导向定价法

根据消费者需求状况和其对商品价值的感受及理解程度，完全以顾客为中心，不考虑成本因素，制定一个消费者接受的价格，这种方法叫做顾客导向定价法。

顾客导向定价法建立在市场需求的基础之上，依据顾客消费需求的变化而进行调整，符合目前零售行业"一切经营以消费者需求为中心"的营销观念。

4.4.4 不同品类角色定价建议

便利店商品定价，在统一的定价策略和定价方法下，还应该与商品品类角色相结合，不同的品类角色定价策略不同。

1）目标性品类

应该保持领导性的价格，给予消费者最好的价值体验，打造便利店品牌形象，提高进店客流量。

2）常规性品类

价格与竞争对手保持一致，确保整体收入稳步提升。

3）季节性品类

应与竞争对手价格保持接近，满足目标客户的不同季节的消费需求。

4）便利性品类

应采取差异化定价，用非煽动性价格保证整体的毛利水平。

4.4.5 定价技巧和注意事项

1）注重价值导向

商品的价格有时要根据顾客对商品价值的感受或认同的价值进行定价，不能完全依据成本和利润目标制定，确保既能赢利，顾客还愿意接受。

2）价格调整不要影响商品价格线中的其他商品

开展降价促销，调整商品价格时要有明确的价格区间，防止随意降价后影响下一价格点附近的商品销售。

3）配置合理的价格带，防止价格点过于单一或集中

为了满足不同顾客的需求，采用差别化定价策略，同类商品要有不同的价格区间，既有高价，也有低价和特价。

4）组合定价

把价格敏感性较强的商品和敏感性不强的商品组合，或者把畅销商品与滞销商品进行组合，按照组合后的整体价格实施销售，借助组合中价位较低的商品或比较畅销的商品掩饰经营者的毛利空间。

5）不可轻易上涨或下调价格

随意变价将影响价格诚实度，损害整体品牌形象。长期降价促销，价格恢复后消费者难以接受。随意提高商品的销售价格往往会造成顾客对品牌的好感度降低，进而影响顾客后续的购买决策。所以商品零售价格调整一定要遵循科学的定价策略，经过充分调研后谨慎实施。

4.5 灵活促销，迎合顾客潜在的消费诉求

老吴在加油站加油时，经常会主动询问加油站人员，便利店有什么促销活动，或者在购买了一定金额的商品后希望享受一定的促销优惠，尤其是在经常加油和购物的加油站，他觉得自己累计消费很高，和其他顾客相比应该享受更优惠的促销政策。每当他获得赠品或享受价格折扣后都会非常高兴，有时候本来没有购物的打算，因为有促销而多购买了一些商品。

4.5.1 促销的意义和原则

1）促销的意义

消费者的购买行为主要由自身消费需求决定，同时外界因素诱导也会影响其购买决策。促销通过向消费者提供额外的利益，可以提高消费

者购买次数和单次购买数量，还可以激发潜在消费者的购买欲望。促销方式丰富多样，常见的促销方式有积分、打折、会员专享、满额赠送、多买优惠、消费抽奖、互动游戏等。不同的促销方式适用于不同的目标消费者，效果也各不相同。所有的顾客都希望经营者提供更丰富的促销活动，不仅能给他们带来物质上的利益，又能满足精神上的需求，如娱乐互动、探索、身份体现等。

2）促销的原则

（1）统筹考虑。促销是营销业务中的一个组成部分，要为销售服务，不能单独割裂出来进行实施，必须和品牌、竞争环境、店面、费用、人员等整合起来，发挥总体营销资源的聚合效应，确保活动效果最优。要统筹考虑促销方案是否符合全年促销规划、不同促销活动能否联动、促销费用怎样使用、能整合哪些营销资源以及能否吸引消费者参与等。

（2）执行性强。促销活动一定要注重可执行性，要避免以下影响因素：一是促销活动承载了太多职能；二是活动设计不符合实际运营情况；三是执行环节过于繁杂；四是促销方案不完善，不够周密；五是店面执行人员不理解方案关键环节；六是不符合执行人员的利益，致使其产生抵触情绪。

4.5.2 促销的策略

1）折价策略

折价策略是经营者最常用、最便于执行、效果最明显的策略。折价，指通过直接打折、赠送同种商品和组合优惠等方式降低商品价格向消费者进行销售。该策略往往在新商品开拓市场、滞销品清理库存等情况下使用。

2）附送赠品策略

附送赠品策略是指在消费者购买指定商品时附带赠送其他商品。适用于不同状况的商品促销。主要方式有包装内附赠、捆绑赠送及单独赠送。

3）凭证优惠策略

消费者提供优惠券、购物发票、以旧换新的旧商品等凭证，可以在购买商品时享受一定程度的优惠，防止简单折价对品牌的损害。

4）集点换物策略

集点换物策略是指消费者通过购买经营者指定商品，积累购买凭证，达到不同规定数量可兑换相应奖励。适用于消费频繁且品牌知名度高的快速消费品。

5）联合促销策略

联合促销策略是指不同的品牌或公司合作开展促销活动，相互借助对方的资源和客户群，扩大促销活动的范围和影响，提升服务内涵和品牌形象。

6）免费试用策略

免费试用策略一般用于新品推广或诱导潜在客户首次购买，经营者将商品（一般为新品或试用装）通过直接派送、凭券领取等方式赠送给消费者，消费者在试用或亲身体验后可能会实施购买。

7）抽奖促销策略

抽奖促销是指消费者购买金额达到设定标准后可参与经营者组织的抽奖活动，有一定概率获得现金或奖品，可满足消费者追求刺激和赌徒心理的精神需求，提升顾客购买的欲望。

8）竞技促销策略

竞技是指利用消费者的好胜心和自我展示需求，组织竞技活动，提升顾客的参与度，提高顾客对商品的认知，扩大商品影响力和销售量。

9）会员促销策略

消费者通过在便利店购买商品或满足经营者指定的条件，成为便利店的会员，可以在一定的时期内，享受特定的价格优惠或积分奖励。会员促销可以吸引顾客长期在便利店消费，成为稳定顾客，是最能体现长期效果的一种促销方式。

10）人员推广策略

人员推广策略是最原始但有时是最有效的策略。在便利店现场安排促销员或者销售人员，通过与顾客的交流和互动诱导消费者购买指定商品。

4.5.3 促销的要素

1）选择有利的促销时机

顾客的购买行为与季节、节日、天气、温度、节令等因素紧密相关，不同的时期顾客的购买力和所选商品均不相同。一般而言，顾客尤其是年轻顾客，月初的消费能力比月末强，周末的购买行为比工作日更活跃。包装饮料的促销应放在夏季，保健品、营养品的促销应放在冬季，烟酒和礼盒的促销应放在中秋、春节等传统节日。"有节过节，无节造节"，重要的节日是促销活动的有利时机。除传统节日外，促销活动可以利用的节日有以下几种：一是从西方"移植"过来的节日，如万圣节、感恩节、父亲节、母亲节等；二是被重新"激活"的中国传统节日，如七夕；三是许多"人造节日"，如"双十一""双十二"等。促销时机选择要积极紧跟节日潮流，紧抓这些销售良机，共享这些节日的商业价值。

2）选择合适的促销商品

促销活动都是围绕商品开展的，促销的目的无论是增效还是提升品牌形象，都要基于一定的商品销售数量。所以，促销商品的选择至关重要，要确保商品对顾客有吸引力，价格有冲击力，否则将影响促销的效果。折价促销应尽量选择价格敏感性高的商品，否则顾客对降价优惠力度体验不敏感；买赠促销可以选择价格不敏感的商品与敏感商品组成促销商品组合。选择促销品时还要考虑季节、节日因素，考虑商品的畅销程度，考虑供应商的支持力度。

3）制定明确的促销主题

促销活动必须有促销主题，利于促销信息宣传，让顾客了解促销的原因，同时便于便利店员工现场推销，容易开口。节日是便利店促销常用的主题，此外，也可以使用感恩答谢、店庆、回馈会员、新品推广等

86

主题，吸引顾客的注意力。

4）选择最有效的促销方式

前文已经介绍，便利店的促销策略繁多，常用有折价、买赠、捆绑、游戏、抽奖、优惠券等。策划促销活动时，依据该次促销活动目的选择合适的促销方式或促销组合方式，防止简单的价格促销循环。

5）科学预算促销经费

促销活动要有明确的费用预算和明细分配，严格按照预算执行，防止出现费用失控现象。促销费用预算可以按照年度营业目标的一定比例测算，再根据全年促销场次进行分配，该方法可有效控制费用，但可能会出现部分场次促销活动费用预算与实际需要不符。也可以将计划开展的所有场次促销活动的费用需求进行累加，制定全年促销预算。这种方法可充分满足每次活动的实际需求，但不容易控制总体促销费用，如果达不到预定的促销目标，费用支出与效益提升比例失衡，将影响经营利润。

所有的厂家或供应商都有明确的全年营销计划和促销费用支持，要充分利用供应商促销资源，将供应商的促销活动纳入便利店的整体促销体系，降低自身促销费用支出。

4.5.4 促销的流程

促销活动必须精心策划，周密部署，充分整合营销资源，严格执行和落实，并持续评估、改进，才能杜绝低效促销和无效促销，减少营销资源浪费，确保活动收到预期效果。

促销的步骤：

便利店促销可按照规划、谈判、准备、执行和效果评估5个步骤执行，各个步骤环环相扣，每个环节执行不力，都会影响最终促销目标的实现。促销的具体步骤如下：

（1）促销规划。

每个促销活动，都要制定明确、量化、可评估的促销目标，明确促销目的是提升销量、推广新商品、处理滞销品还是提升品牌知名度。其次，围绕促销目标，设计活动内容、促销方式、参与便利店、起止时间、资源投入等内容。

（2）协商谈判。

便利店促销，要积极争取供应商的促销支持，或根据采购协议中促销支持条款索取促销资源，减少自身费用支出，实现双赢。谈判要讲究策略和方法，让供应商了解促销的范围和重要性，共同分析会实现的预期销量，强调促销档期和商品选择范围是有限的，利用活动资源的稀缺性来吸引更大支持。

（3）促销准备。

a.促销方案确定后，必须至少提前一个订货周期下发至便利店，便于员工熟悉促销内容，订购促销商品。

b.采购部门负责确保在活动开始前3日完成商品、赠品及相关宣传物料的配备。

c.营销管理人员应通过集中培训、划片指导、现场督导等方式，对便利店员工就活动方案具体内容、系统设置、风险防控、客户投诉处理等内容进行宣传贯彻与培训，确保相关员工熟悉活动内容、掌握操作流程、防范可能风险、妥善处理客户投诉。

d.统一规划海报、传单等摆放位置、张贴高度，编制员工宣传统一用语，确保活动站点执行标准一致、风格一致。活动开始前1日，便利店将广告宣传物料配备张贴到位，明确现场堆头、海报张贴、传单发放、营业员口头推荐、LED宣传语、奖品陈列方式等促销要求，以便立体展示促销活动。

（4）促销执行。

执行环节是促销活动最重要的环节，决定着促销效果能否实现。如果执行不到位，活动效果就会打折扣，甚至会适得其反。一要做好部门间的配合和便利店员工培训，明确各部门、各岗位在促销执行中的职责，畅通执行流程，确保行动一致。二是做好加油站便利店员工的现场执行状况督导。如果加油站便利店员工不按要求落实，加油站的执行力要列入控制和考核的范围。

（5）促销效果评估。

促销效果评估是促销过程中的一个重要环节，及时开展效果评估，可检验促销效果，总结经验和不足，为后续促销提供决策依据。可通过以下指标来对促销活动进行评估。

a.每日销售追踪：当日销售的时时跟进。

b.目标达成核算：通过每日销售累计目标完成进度。

c.费销比核算：即时核算促销费用投入与产出比。

d.出货与库存核算：统计每日销售和库存数据，确保次日活动有序开展。

e.异常情况处理：及时处理突发事件，保证促销活动按照计划进行。

4.5.5　编写促销方案的要素

1）促销目的

即为什么要做这次促销。促销的目的可以是提高销量，也可以是提高便利店总体产出、降库或新品推广等目的。

2）促销对象

即选择对谁去做促销。针对首次购买者，针对消费满一定金额的消费者，针对忠诚客户等。明确促销对象，针对目标群体集中投放促销资源，可确保资源的最优使用。

3）促销主题

明确促销主题，"站在顾客的视角"给促销活动安置一个更能引发顾客共鸣的名目，掩饰真实的促销目的，降低变相降价带来的负面影响，吸引顾客的注意力，同时利于现场促销信息宣传和员工口头推销。

4）促销商品

依据促销目的，选择促销商品。例如，如果要提升总体销量，则选取畅销商品做促销活动效果较好；如果要强化与顾客的沟通交流，则用便利店主推的商品效果较好。

5）促销时间

即促销的起止时间。与供应商联合开展的买赠、特价等促销活动，要和供应商签订促销协议，明确促销资源供应时间和数量，如果促销期间出现特价商品或赠品不足，将影响促销效果和品牌形象，出现这种情况要依据协议对供应商进行处罚。促销时点优先选择节假日、休息日等，便于宣传和借势。

6）促销地点

是选择人流量大、便利店形象好、地理位置好的加油站便利店，还是所有便利店全面开展，要根据促销目的、预算情况及供应商支持力度等因素进行确定。

7）促销形式

促销方式多种多样，可选择一种，也可以选择促销组合，并尽可能对促销形式进行创新，带给顾客新鲜感，吸引更多顾客参与。鉴于便利店营业人员少，要充分考虑可执行性，有些促销形式可能会吸引更多的消费者参与，如果执行烦琐，也不宜采取。对于加油站便利店而言，尤其是连锁的加油站便利店，更适合选择便于执行和复制的常规性促销活动。

8）促销物料

为配合促销活动开展，提升促销效果，需要提前准备与促销活动匹配的赠品、宣传品、道具、礼品等促销物料。

9）促销宣传

明确促销开始前、促销执行过程中甚至促销结束后的宣传资料和宣传方式，提升目标客户群体的关注度。

10）促销预算

整个促销活动需要的费用。

11）促销准备

促销活动开始前各项准备工作，要明确工作内容、具体责任部门和责任人、要求完成的时间和标准，防止因准备不周影响促销整体进展。

4.6　高效仓储运作，追求商品最优库存的常态化

便利店购物的便利性，要求店内商品突出的是即时性消费、小规格、应急性等特点。消费者"便利性"需求的满足，需要通过丰富的商品品种及充足的商品数量来实现，仅依靠便利店的储存空间及临时的商品订购是无法满足以上要求的，必要的商品储备是便利店满足消费者"便利"的必要保证。

4.6.1　什么是库存管理

库存管理是指商品储存空间、储存时间的管理，是仓储机构为了充分利用资源所进行的计划、组织、控制和协调的过程。具体来说，库存管理包括库存资源配置、库存组织架构、库存流程监控、现场保管作业、健康安全管理等多种管理工作及相关操作。库存管理能够提高经营者服务水平，增强经营者的综合竞争能力。现代库存管理已从静态管理发展成动态管理，对库存管理的基础工作也提出了更高的要求。

1）库存管理的任务

（1）资源配置效益最大化。

（2）独立、高效的库存组织机构。

（3）以不断满足消费需求为原则进行仓储管理。

（4）以高效、低耗为原则开展仓储管理。

（5）以便捷服务、保质保量树立仓储形象。

（6）制度化、科学化、动态化的仓储管理。

2）库存管理的基本原则

（1）效率原则，高效运作是库存管理的核心。

（2）经济效益原则，以经济效益最大化为目的。

（3）安全原则，防止发生火灾、偷盗等。

（4）保质原则，防止仓储物品过期、被压坏等现象的发生。

（5）服务原则。

3）库存商品的保管原则

（1）靠近通道保管。一般是将物品靠近通道保管，确保物品出入库方便，在仓库内移动容易。

（2）堆高保管。为充分利用库内容积，可利用高处堆放物品，也可使用高架库等保管设备。

（3）根据周转频率选定物品保管位置。周转频率高的物品，应放在易于作业的地方；周转频率低的物品放在距离出入口稍远的地方；季节性物品则依其季节特性来选定放置的地方。

（4）相同商品在同一地方保管。为提高作业效率和保管效率，将产品摆放在固定的库区位置，产品所放位置与物流系统中的一致，有利于快速地找到相关物料。

（5）根据物品重量安排保管的位置。重物在下，轻物在上，先重后轻，这有利于提高效率、保证安全。

（6）依据物品形状安排保管方法。标准尺寸的商品应使用托盘或货架进行保管。

（7）先进先出。商品应尽可能按照先入库先发的方法进行发货作业，加快周转频率。

4）库存管理的类型

一般经营者可以选择自建仓库管理、租赁公共仓库管理或采用专业仓储公司管理等不同管理类型。

（1）自建仓库管理。经营者利用自建仓库进行库存管理可以更大程度地控制库存，管理也更具灵活性。

（2）租赁公共仓库管理。经营者通常租赁提供营业性服务的公共仓库进行库存管理。

（3）采用专业仓储公司管理。专业仓储公司能够提供专业、高效、经济和准确的库存管理服务。

经营者选择自建仓库管理还是租赁公共仓库管理，或采用专业仓储公司管理需要考虑以下因素：周转总量、配送的稳定性、配送网点的密度及运营费用。

5）库存管理的一般业务程序

（1）签订仓储合同。

（2）验收货物。

（3）办理入库手续。

（4）货物保管。

（5）货物出库。

6）库存管理的内容

（1）订货、交货。

（2）进货、交货时的检验。

（3）仓库内的保管、装卸作业。

（4）场所管理。

（5）备货作业。

商品在仓储中的分拣、打包、安排配送线路等活动的目的是提高配送效率，充分利用运输工具，从而降低运输成本。合理和准确的库存管理会减少商品的周转次数，采取机械化和自动化的库存作业，都有利于降低作业成本。高效的库存管理，能对商品实施有效的保管，并进行准确的数量控制，从而大大降低库存管理的风险。

总之，想要做好库存管理，应该做到账、物、表一致。账表示公司内部管理进出物品的财务账；物就是仓储内所有商品和物料；表是代表商品和物料进、出、存的表格凭证。

7）库存管理的关键环节

（1）高效的运作团队是库存管理的重要标准之一。

合理分配所需员工的数目，通过计件工资标准和支持系统评估团队的绩效。另外，公司应该提供激励措施给团队而不是个人，发挥团队的最大潜力。

（2）合理的仓库设计布局和设备配备有利于提高整个库内作业的效率。

可按产品类别或作业需求设计不同的功能区，一般可设运作区、周转区、库存区、特殊商品区等。合适的搬运、分拣、防护设备的配置，不但可以为操作人员和货物提供有效的保护，而且还能为仓储机械化作业提供方便。此外，库存信息化系统的使用能达到高效收发、库存管理自动化的效果。

（3）开展额外的增值服务。

提供如再加工、组合包装、贴标签等额外增值服务，提高收益，提升顾客满意度。

（4）配备仓库中控系统。

中控系统是一个项目管理系统，包括两部分：团队和库存管理系统。可以系统全面地指导库存管理的完成、作业效果评估以及跟进作业流程的进展情况，同时维护外部顾客关系。

中控系除了能够实现包括进出货管理、库存管理、订单管理、分拣管理、复核管理、商品与货位基本信息管理、补货策略管理、商品移库管理等系统功能之外，还可以帮助库管人员分析库存管理系统和运输管理、顾客管理、员工管理等多系统之间的衔接。

人在中控系统中的作用是不能被技术所代替的。库存管理不是完全意义上的自动化业务，其有着太多的不确定因素，需要安排业务熟悉的负责人担任起中控的角色，在大量数据、信息的基础上对有限的资源进行合理分配。

4.6.2 库存管理的流程

仓库是保管、储存物品的建筑物、设备、管理场所的总称。现代物流中的仓库功能已经从单纯的物资存储，扩展到商品的接收、包装、分拣、配送、存储、加工等多种功能。库存管理是指对商品储存空间、时间的管理。

1）库存管理作业的注意事项

（1）库存商品要进行分区管理，即将不同的商品依据类别、体积来划分不同区域存放。

（2）制作商品分区图，贴在仓库入口处，以便于存取。小量、特殊产品应尽量固定位置，整箱商品则可弹性分区。若整体储存空间太小或属冷冻（藏）库，也可以不分区储存而弹性运用。

（3）储存商品不可直接摆放在地面。一是为了避免潮湿，造成产品霉变或五金类产品生锈；二是为了堆放整齐。

（4）要保证库存区的温湿度在合理范围，干燥、不潮湿。

（5）仓库内要设有防水、防火、防盗等设施，同时还要注意防虫、防鼠，以保证商品安全。

（6）商品储存货架应设置存货卡，商品进出库要注意先进先出的原则。也可采取色彩管理法，使用不同颜色的标签，以明显区别商品进货的日期。

（7）仓库管理人员要与采购人员及时沟通，以便安排新入库商品的存放。此外，还要适时提出存货不足的预警通知，以防缺货。

（8）商品存取原则上应按需存取，但考虑到效率与计划，有必要制定作业时间规定。商品进出库要做好登记入账，以便明确保管责任。但有些商品（如冷冻、冷藏商品）为讲究时效，也采取便利店存货与库房存货整合存取的做法。

（9）仓库要注意出入库管理和安全、卫生管理。

（10）员工作业风险的预防，常见的风险如被叉车碰撞挤压、从装卸平台边缘坠落、搬运物品时砸伤、尾板操作压伤、高空坠物等。

2）仓库区域划分

（1）进货区：送货车辆等待、卸货区域。

（2）进货货物暂存作业区：进货后等待区分品类，以便于按类储存，暂时存放的区域。

（3）储存库区：作为所进商品按类存放的区域。

（4）仓库流通作业区：作为库内商品转移、调整等作业的区域。

（5）分拣区：出库前根据出库要求，进行商品分拣的区域。

（6）退货区：作为便利店或顾客因各种原因拒收或退回商品存放

的区域。

（7）出货区：库存商品出库装车的区域。

3）入库管理

（1）正常商品收货。

a.收到货物后，收货人员需根据随货箱内的清单清点货物，以免送货方漏发。

b.货物应由收货人员和司机共同完成拆铅封等步骤，第一时间检查货物完好情况，如发现有严重受损等状况，立即采取拍照取证等方式，然后联系供应商商议解决办法。如货物状况完好，开始卸货工作。

c.卸货时，收货人员须对货物的装卸情况严格把控，以保证产品的数量、包装、保质期等与箱单上的数据相符。如有破损、短缺等情况出现，必须在收货单上清楚注明，并由司机确认签字，一式两份，如事故记录单，运输质量跟踪表等。如有破损、短缺等情况，须采取拍照取证的方式，并及时上报经理、主管或库存控制人员等，以便及时跟进。

d.卸货时如遇上不确定因素，如下雨、下雪、冰雹等天气，需采取应变措施以免商品受损。卸货人员必须严格按照产品示意图码放，不可倒置。

e.签收送货单时，应按规定填写相关单据，并将产品名称、数量、生产日期（保质期或生产批号）、货物状态等收货资料交给订单处理人员。破损产品应分开单独摆放，等候相关处理通知，并做好记录。

（2）退货或更换残次产品的收货。

a.退货和更换残次产品都必须有相应的单据证明，如运输公司不能提供相应单据，仓管人员有拒收货物的权利。

b.退货产品中包括良品和不良品，如良品退货，货物必须保持完好无损的状态，否则仓管人员有权拒收；不良品则必须与单据上的数据相对应，并且保证外包装和配件齐全。

c. 收货人员依据单据验收货物后，需将正常商品和破损商品分开单独存放，将入库单、退货或换货单，记录好产品名称、数量、状态后，交由订单处理人员进行下一步跟进。

d. 订单处理人员依据单据进行录入。

4）库内管理

（1）商品存放。

a. 入库商品需存放于指定位置，货物的存放数量不能超过商品的指定堆码层数。

b. 商品应严格按照货位标准整齐码放在托盘或货架上，商品需开箱作业时应粘贴提示说明，作业后应及时封箱。商品上不可放置任何无关的物品，破损及不良品应记录好，单独放置退货或换货区，保持清洁状态。

c. 货架上的货物要保证其安全性，空托盘必须整齐摆放在托盘区，不许随意摆放。

（2）盘点流程。

a. 所有的货物每个月必须大盘一次。

b. 出库的商品必须进行盘点，并抽查其他产品进行循环盘点，以保证数量的准确性。盘点的流程包括盘点区域的先后顺序、盘点的基础资料、盘点数据、盘点时间的安排等，注意不能遗漏区域、商品，盘点不能影响仓库的正常运作。

c. 盘点时，由接单人员打印盘点表，交给盘点人员。至少由两名工作人员进行盘点，盘点后由二人共同签字确认。随后将盘点表交给报表人员，由报表人员输入电脑进行匹配，如有差异，须重新打印差异单，进行二次盘点，无差异后再存档。如有差异，需再次进行核查。若发现收发货有误，需及时联系顾客，尽最大可能挽回损失；对于无法挽回的损失，按照事故处理程序处理。

（3）仓库日常管理的检查内容。

a. 仓库地面是否时刻保持干净。

b.装卸作业工具是否放在指定区域。

c.门、窗、天窗不用时应保持关闭状态,防止飞行类昆虫进入。

d.仓库照明设备是否完好、安全(检查方法:将开关全部打开,检查亮度)。

e.仓库办单处是否保持清洁(要求所有单据摆放整齐,分类清晰)。

f.仓库地面是否标明存货区和分拣区。

g.手摸货架、货物、托盘,无灰尘。

h.空托盘在指定区域堆放整齐。

i.货物堆码无倒置和超高现象。

j.货物堆放整齐,无破损货物(破损、搁置区存放的货物除外)。

k.仓库的活动货位连贯,有活动标识表示的货位可根据情况在仓库里灵活移动。

l.各类警示标识的张贴是否有效、规范。

m.每次收货是否正确填写并粘贴"收货标签"。

n.破损、退换货商品是否分开摆放并粘贴对应的标签。

o.破损、退换货商品是否在指定时间内处理完毕。

p.可发货物中是否有破损且未处理。

q.退货处理必须在规定时间内完成,退货上须贴有"退货单"。

r.仓库无"四害"破坏痕迹。

s.是否定期对"四害控制"进行处理并记录处理的工序、时间、结果(查看记录)。

t.是否核对系统库存和实际库存的一致性(系统中选取一定比例的商品进行验证)。

u.仓库是否按照"拣货单"进行备货发货。

v.同批次、同品种的商品是否堆放于同区域;同品种的商品应该存放于同一仓库。

w.收货时是否按规定分拣商品(如果有收货,请检查现场分拣情况;如果无收货,请检查仓库同一位置是否有不同批次的商品)。

5）出库管理

（1）订单处理程序。

a.所有商品的出库必须有对应的单据（签字、印章）作为发货依据。

b.接到订单或出库单时，订单处理人员需进行单据审核（检查单据的正确性、货物的库存），审核通过后，可通知运输部门安排运输工具进行配送。

c.订单处理人员依据不同的单据录入系统，制作分货单和配送单。

d.将分货单交仓管人员进行分拣备货等工作。

（2）备货程序。

a.备货人员须严格按照分货单进行分拣，如有差异，须及时通知库存控制人员、主管、经理，并在分货单上注明情况，以便解决。

b.货物按总分货单备完后，按照要求需进行二次分拣，按装车顺序依单排列。

c.每单备货必须注明送货地点、单号，并且留出足够的操作空间，以便发货。

d.备货分拣完毕后，需要做好送货单确认工作，并通知运输车辆安排发货。

4.6.3 库存管理的优化

1）库存合理化的标志。

（1）质量标志。

保证商品的使用价值，满足内在质量、外观质量、社会质量、经济质量的综合要求。

（2）数量标志。

合理的库存数量是提高配送能力和降低库存成本的关键。

（3）时间标志。

库存商品的周转频率快，库存时间短。

（4）结构标志。

不同品种、规格的商品的储存数量的比例关系是否合理。

（5）分布标志。

分析各地区的需求差异，确定不同便利店库存商品数量的比例。

（6）费用标志。

仓租费、人工费、维护费、保管费、损耗费、资金占用利息等费用的合理支出。

2）不合理库存的主要表现

（1）库存条件不足或过剩。

库存条件不足是指不能够为被储物品提供所需要的储存环境，往往造成被储物品质量和数量的损失，或由于缺乏必要的储存管理措施，使存储工作不能顺利进行，出现混乱。

库存条件过剩指的是提供的储存条件超过被储物品的需要，导致储存成本增加。

（2）库存数量不当。

库存数量偏高或库存数量偏低。

（3）库存时间过长。

合适的库存时间将使被储物品获得时间价值，但是随着时间增加，商品的损耗也会加大，经营者资金占用成本也随之增加。

（4）库存结构失衡。

库存商品的比例不均衡。

（5）库存分布不合理。

商品在需求旺盛的地区储存数量较少，或需求低迷的地区储存数量过高。

（6）库存费用过高。

库存费用若大于所创造的利润，则是不合理的。

3）库存成本优化的途径

（1）提高仓储人员的工作能力。

经营者可引进综合能力较强的工作人员，也可通过对现有工作人员进行培训的方式，提高其工作能力。同时还要加强对人员的考核与激励，实行适度的奖惩措施。

（2）加强仓储中的信息化技术应用。

加强信息技术的应用，有利于提高仓储作业的效率，并在一定程度上降低仓储成本。

（3）正确选择设备。

仓储作业在设备的选择上应以"适宜"为标准，经营者根据自己的需要，一方面充分利用劳动力成本的优势，另一方面通过引进必要的仓储设备提高劳动效率。

（4）加强库存计划管理。

根据配送进度或顾客需求，充分考虑可能面临的问题，进行事前系统的计划。同时还要考虑库存成本的最小化，控制库存商品的数量。

（5）实现零库存管理。

最大化降低库存成本就是实现零库存，可以通过采取外包、准时供应、主动配送等方法实现。

4.7 快捷高效物流，充分保障便利店经营的商品供应

高效的物流是企业在提高销售额、降低生产成本以外提高利润的重要来源。所以，将商品及时配送到便利店是尤为重要的。

物流管理就是对整个物流系统进行计划、组织、指挥、协调、控制和优化的各种活动和过程，目的是将产品在正确的时间，以正确的数量、正确的质量、正确的状态，经正确的地点，送至便利店或顾客手中，并使总成本最小化。

现在，便利店竞争已经由以前的店前竞争发展到店内竞争，随后又发展到店后竞争，而后台系统的实际运作决定了前台和店内的工作。由此可知，便利店之间的比拼不仅仅是便利店间的比拼，更是店后物流配送体系间的竞争。

4.7.1 物流运输

物流运输是人和物的载运及输送。它是在不同地域范围间（如两个

城市、两个仓库之间，或一个大经营者内相距较远的两仓库之间），以改变"物"的空间位置为目的的空间位移。

1）物流运输管理的特征

（1）运输是在流通过程中完成的。

（2）运输不产生新的实物形态产品。

（3）运输商品计量的特殊性。

（4）运输商品的复杂性。

2）运输在物流中的地位

（1）运输是实现物资实物转移的关键。

（2）运输在其技术、组织等工作有特殊的要求。

（3）在物流成本中，运输成本占比较大。

（4）运输对满足消费者的需求有其特殊地位。

3）商品运输的任务

商品运输工作的具体任务：一是按照商品运输的管理内容，安排商品的运输、收货、验货，实现商品的交接、查询和索赔；二是合理安排商品的运输工具和运输路线。

4）运输合理化

运输合理化是指从物流管理的总体目标出发，减少货物流通环节，运用系统理论和系统工程原理和方法，以最少的劳动消耗获取最大的经济效益。也就是说，在有利于市场供应，有利于节约流通费用、运力以及劳动力的前提下，使商品运输里程最短，经过最少的环节，用最快的时间，以最小的损耗和最低的成本，把商品从出发地运到要求的地点。

运输合理化的影响因素：运输距离、运输环节、运输工具、运输时间、运输费用。

运输合理化的有效措施：提高运输工具实载率；减少劳动消耗，提高运输能力；发展社会化的运输体系；尽量发展直达运输和配载运输；发展特殊运输技术和运输工具；通过信息系统，使运输合理化等。

4.7.2　物流配送中心

1）物流配送中心的类型

（1）专业配送中心。第一，是指配送对象、配送技术属于专业领域，并带有一定的综合性，统筹这一专业领域内的多种物资进行配送；第二是指以专业配送为目的，基本上不从事经营服务的配送中心。

（2）柔性配送中心。不向固定化、专业化方向发展，能随时适应客户的需求，没有固定的供需关系，向适应配送用户和改变配送用户的方向不断发展。

（3）供应配送中心。专门为某个或某些用户组织供应的配送中心。

（4）销售配送中心。以经营为主，配送为辅的配送中心，主要包括：第一，生产企业将产品直接销售并配送给消费者的配送中心；第二，建立配送中心从而实现产销一体化的一种经营方式；第三，销售企业和生产企业之间联合在一起的协作性配送中心。

（5）城市配送中心。以城市范围为配送范围的配送中心，主要用汽车直接配送到终端用户。这种配送中心和零售经营紧密结合，运距短，反应能力强，能有效进行多品种、少批量、多用户间的配送。

（6）区域配送中心。以一省或多省、全国或国际范围为配送范围的配送中心，具备较强的辐射能力和库存准备。这种配送中心配送规模、用户规模、配送批量相对来说都比较大，同时也是下一级的配送中心，商超、批发商和经营者用户等也在配送范围内。虽然也进行零星的配送，但并不是它的主要经营模式。

（7）储存型配送中心。有强大的储存空间的配送中心，在买方市场下，经营者的成品销售需要较大库存支持；而在卖方市场下，配送中心同时也为经营者的原材料、零部件提供了较大的库存支持，以此类推，大范围配送的配送中心，一般都需要较大库存，也可能是储存型配送中心。

（8）流通型配送中心：对于买方市场来说不具备长期储存功能，以暂存或随进随出等方式经营的配送中心。主要的运营方式是，大量货物整进散出，采用机械化设备直接分货，分送到各用户货位或配送汽车上。

（9）加工配送中心。具有材料加工职能的配送中心。

2）物流配送模式选择参考因素

对于加油站便利店来说，配送中心必须做到功能强大、高效率。由于加油站便利店面积较小，以快消品的销售为主，如果缺货断货，必然会对商店的销售带来不利的影响。因此，及时补货是这类商店最重要的工作之一。但由于此类便利店店面空间有限，没有更多的空间进行囤货，所以配送中心能否及时补货成了这类商店经营是否成功的关键。为了达到此项目标，可以采用以下方法。

（1）选择正确范围内的配送中心，可以缩短运距和送货时间，提高配送效率。

（2）制定合理的配送路线，对于各地区分布点较多的便利店有较大帮助。

（3）进行合理的车辆配载，实行轻重配装，充分利用车辆空间，降低运输成本。

（4）建立完善的信息管理系统。在物流作业中，分拣、配送的劳动量较大，而且容易发生错误。建立并运用信息管理系统，能够快速、准确、高效地进行运输，从而提高生产效率，节省劳动力，有效降低相应的物流成本。

3）物流配送模式对比

连锁性零售经营者需要采取的配送类型为流通型配送，而作为经营者选择还有以下几个。

（1）自建：自行建设配送中心并配送。前期投入较大（土地、仓库、设备等），日常费用包括耗材、人工成本、资产折旧等，自管为主，可完全按照要求进行作业，基本不存在外部原因造成的不稳定。自建仓库，若经营者销售规模过小则无法承受，只有经营者销售规模达到一定程度时，较之于其他两种模式才会产生更大的效益。

（2）租赁：租赁其他人已建好的配送中心进行配送。前期投入较小（仅设备），日常费用包括仓库租赁费用、耗材、人工成本、资产折旧等，自管为主，可完全按照要求进行作业，但一定程度上受到仓库所有者的限制。租赁仓库，由于需要己方承担管理责任，故不适用于最初的发展时期，必须在有一定的运作经验，及相关成熟的运作人员后方可进行操作。

（3）外包：配送中心所有业务均委托第三方进行管理及运作，支付费用。前期投入基本为零，日常费用包括仓库租赁费、商定的各类业务费用，第三方管理，不完全按照要求进行作业，存在双方管理性差异。外包仓库，适用于经营者刚刚起步发展时，由第三方协助运作，在很大程度上可改善人员无运作经验造成的协调不畅、运转不畅状况以及降低由此造成的损失。

4.7.3 中央仓的运作

1）中央仓的概念

中央仓是从供应商手中接收多种、大量商品（图4-2），对便利店

图4-2 中央仓

商品进行储存、保管、分拣、配送服务，并在服务过程中，确保迅速、及时、准确、安全的物流机构和场所。

2）中央仓的特征

（1）配送反应速度快。

中央仓满足物流配送的需求，其反应速度越来越快，准备时间越来越短。

（2）配送功能集成化。

将物流与供应链的其他环节集成，如物流渠道与商流渠道集成、物流功能集成、物流环节与制造环节集成和物流渠道之间的集成，都能理解为配送功能集成化。

（3）配送作业规范化。

强调作业流程的标准化、程式化、规范化、简单化，从而有效提高物流作业的效率和效益。

（4）配送服务系列化。

明确配送服务的正确定位与完善化、系列化，扩展物流的市场调查和预测、物流订单处理、物流配送咨询、物流配送方案、物流库存控制策略建议、物流货款回收、物流教育培训等一系列的服务。

（5）配送目标系统化。

规划整体物流配送活动，不求单个物流最佳化，追求整体物流配送实现最优化。

（6）配送手段现代化。

使用先进的技术、设备、管理为物流配送提供支撑，其规模越大，需要的技术、物流设备与管理就越要向现代化看齐。

（7）配送组织网络化。

有完善、健全的物流配送网络体系，物流配送中心、物流结点等网络设施分布在各个区域，并且运作正常。

（8）配送经营市场化。

无论是经营者组织物流配送还是社会物流配送，都要实行市场化调节，以实现经济效益和社会效益最大化。

（9）物流配送流程自动化。

指商品包装、收发货、存储、分拣、退换货等流程实现自动化标准，并且按照最佳配送路线进行配送等。

（10）物流配送管理法制化。

宏观上，要有健全的法规、制度和规则；微观上，需依法办事，按章行事。

（11）物流配送体系安全化。

以系统安全为核心，强调预防为主，持续改进，力求实现人、机、环境等各方面的协调一致，最大限度地降低仓库组织系统在业务运行过程中所面临的风险。

3）中央仓作业需求

（1）进货。包括车辆进货、卸货、点收、理货等。

（2）存货。包括入库、调拨、补充理货等。

（3）分货。订单分拣、分类、集货等。

（4）出货。商品出库、验收、点货、装载等。

（5）运输。调度、路线安排、运输、货物交接等。

（6）仓储管理。商品盘点、处理、移仓与储位调整等。

（7）逆向物流。退货、验货、责任确认、废品处理、换货补货等。

（8）物流后勤。运输车辆管理、物料管理、包装中转容器回收、暂存、废物回收处理等。

4）中央仓设置原则

（1）符合所在城市用地整体规划的要求，充分适应物流配送、未来业务扩展等要求，实现平衡与可持续发展。

（2）平面布置应严格遵守当地的规划布局，结合规划道路，充分利用土地资源，协调好总体布局与市政基础设施、地区规划布局之间的关系。

（3）合理规划场内车道，确保车辆行驶安全、高效、快捷。

（4）按功能区域合理分区，以满足储存、监管、查验要求；必须遵循分期建设、可持续、可扩展开发的要求。

（5）仓库设计须符合建筑布局合理、作业流程规范、运输安全的要求。

（6）遵守环境保护法的要求，减少对环境的影响和污染，满足吸尘、防尘、降噪和美化环境的要求。

（7）物流中心车辆运行、装卸作业方向必须统一，减少运距和装卸环节，高效运转。

（8）物流中心的空间利用最大原则。

（9）系统化设置，把各个功能区域和各作业环节整合。

（10）遵循高效率、低成本的原则，为物流中心规模的扩大和自动化设备的实现预留空间。

4.8 严格质量管控，捍卫便利店品牌形象

常言道，"国以民为本，民以食为天，食以安为先"，如何营造便利店健康的经营环境和消费环境，商品的质量管理尤其重要。在便利店经营中，质量管理永远是经营者的主题，如何完善质量意识和观念、如何建立质量管理体系、如何树立安全的产品质量责任意识、如何全面应用质量管理理论，这些问题都将影响商品质量和便利店的综合竞争力，从而影响企业的运营和发展。

4.8.1 质量管理体系

1）便利店的全面质量管理

全面质量管理是指以产品的质量为核心，部门、组织、人员都参与到质量管理中来实现专业技术、管理技术、数理统计技术相结合，以严密的质量保证、控制体系、优质的工作和最经济的办法，为消费者提供需求的全部活动。其在便利店管理中体现在以下几方面。

（1）四全管理。包括全面质量、全过程、全员参与、全面运用各种有效管理的现代化体系。

（2）四个第一。即质量、消费者、适用性和长远效益都排在第一位。

（3）四种观点。

a. 以预防、改进为主，严格质量检验，防检和综合管理相结合的观点。

b. 依据事实和数据分析的观点。

c. 注重工序，强调过程的观点。

d. 以高效率、低成本为前提，为用户提供最满意的产品和服务。

（4）四个控制。

a. 预防性控制。质量管理体系策划、生产源头控制、供应商质量管理。

b. 过程控制。质量检验、设计、生产和物流过程的控制。

c. 事后控制。修正预防措施、改进质量、分析事故原因、服务消费者。

d. 质量信息管理控制。

（5）四个过程。

设计过程、生产过程、检验过程、使用过程。

2）全面质量管理体系的作用

把战略、质量、价格、成本、生产率、服务、人力资源、能源和环境学放在一起综合运用，实现"大质量"管理的目标，使其有效地开展各项质量管理活动，建立相应的管理体系，并考虑其以下要素。

（1）质量管理体系具有合规性。

开展质量管理的首要条件是设计、建立、实施和保持质量管理体系；其次要符合ISO9001国际标准，建立合理的组织结构，提供合适的资源；相关职能部门和管理人员直接负责质量管理文件的制定和实施、质量管理流程的建立和运行。

（2）质量管理体系具有唯一性。

质量管理体系的设计和建立，必须与经营者的质量目标、产品类别、过程要素和使用经验相结合。所以，不同组织的质量管理体系各不相同。

（3）质量管理体系具有系统性。

质量管理体系各个部分是相辅相承的，其中包括：制定合理的组织机构并明确其职责、权限和协调关系；把形成文件的程序和作业指导书规定到位，是过程运行和进行活动的重要依据；质量管理体系的有效实施，是通过其所需过程的有效运行来实现的；其资源包括人员、资金、设施、设备、料件、能源、技术和方法。

（4）质量管理体系具备全面有效性。

实现其全面有效性，不仅要满足组织内部的质量管理的要求，还要满足组织与顾客之间的合同要求，并且应符合第二方认定、第三方认证和注册的要求。

（5）质量管理体系应备有效的预防性。

为了防止突发事件的发生，质量管理体系应具备有效的预防措施。

（6）质量管理体系应具有持续性。

为了改进质量管理体系，管理者应定期审核质量管理体系，并且持续完善质量管理人员和质量职能部门（含车间）的改进措施和预防措施。

（7）质量管理体系应具有受控性。

其需求过程和活动应保持受控状态。

（8）质量管理体系应最优化。

应综合考虑收益、成本和风险，通过质量管理体系的持续有效运行使其最优化。

4.8.2　质量管理的相关法规

根据《中华人民共和国产品质量法》的规定，便利店作为市场销售主体，具有行使销售者产品质量控制的主体义务和责任。作为便利店经营者必须知道以下4条硬杠：食品生产经营者对食品安全承担主体责任；强化食品生产经营企业追溯义务；明确食品生产经营企业的自查和报告义务；网络食品交易必须"实名制"登记。

其相关规定如下。

第四条　食品生产经营者对其生产经营食品的安全负责。

食品生产经营者应当依照法律、法规和食品安全标准从事生产经营活动，保证食品安全，诚信自律，对社会和公众负责，接受社会监督，承担社会责任。

第四十二条　国家建立食品安全全程追溯制度。

食品生产经营者应当依照本法的规定，建立食品安全追溯体系，保证食品可追溯。国家鼓励食品生产经营者采用信息化手段采集、留存生产经营信息，建立食品安全追溯体系。

第四十七条　食品生产经营者应当建立食品安全自查制度，定期对食品安全状况进行检查评价。生产经营条件发生变化，不再符合食品安全要求的，食品生产经营者应当立即采取整改措施；有发生食品安全事故潜在风险的，应当立即停止食品生产经营活动，并向所在地县级人民政府食品药品监督管理部门报告。

第六十二条　网络食品交易第三方平台提供者应当对入网食品经营者进行实名登记，明确其食品安全管理责任；依法应当取得许可证的，还应当审查其许可证。

4.9　强化损耗防控，堵塞经营效益流失的蚁穴

4.9.1　损耗管理基本内容

1）损耗的形成和危害

在便利店的消耗性项目中，损耗是最常见也是最头痛的问题，因为它普遍存在并且具有一定的复杂性，难以防范，而且损耗吃掉的是净利润。比如，针对某个单品来说，其损耗要5个商品的销售利润才能弥补，而这对于需要精打细算、锱铢必较的零售企业来说，伤害尤为严重。所以，控制和减少损耗是企业获得更高利润的关键。

2）损耗的形成原因

便利店损耗通常是指账面库存额与实际盘点库存额的差异，一般可以分为以下几种。

（1）变价损耗：为了吸引顾客，进行降价促销而产生的降价损耗。

（2）报废损耗：因保管不当等原因引起的商品变质，或者库存积压，以及过期下架而产生的损耗。

（3）不明损耗：因便利店其他管理问题造成的损耗，原因比较复杂。

变价损耗和报废损耗可以从销售数据和单据核对中查明原因，管控相对比较容易；但不明损耗成因复杂，带来的损失难以估量，管控较难，是损耗管理最需改善的重点。

不明损耗产生的主要原因和控制重点如下。

a.订货损耗。

订货损耗的原因主要是店员在订货过程中出现品牌、规格、数量等方面的误操作而引起的。一般控制此类损耗的方法是，订货前必须了解商品的库存状况和日均销售数量，不能仅凭电脑数据做出订货依据；对促销商品和库存积压商品的订货环节，必须严格把控。

b.收货损耗。

收货损耗通常是人为疏忽造成的，所以在收货验收环节，要对商品的状态仔细查验，杜绝过期、变质、破损等商品入库；同时，在收货过程中，要避免出现计数和数据录入不准确造成的损耗，做到二次复检。

c.搬运损耗。

商品的搬运、流转过程环环相扣，收货运送、倒仓搬运、陈列补货、顾客购买等，都会造成商品损耗，大部分都是人员操作不当造成的损耗。所以，如果要控制损耗，那么在商品流转的各个环节都必须小心谨慎，按照操作要求和实际能力去摆放。固定的商品陈列能大大降低商品的损耗。

d. 堆放损耗。

商品的仓储及陈列是以整箱堆放或单个摆放的形式存放。在商品仓储环节，库存商品的摆放要按照商品的保存特性进行分类储存，符合商品避光、防暴晒、防压、防水、低温等储存条件；食品与非食品要分开陈列，避免相互污染；另外，商品陈列要按照先进先出的原则进行陈列，避免滞销商品陈列面过大、陈列时间过长。

e. 库存损耗。

便利店在经营过程中，商品进货量与销量不匹配导致库存周转变慢，库存成本增高，经营压力增加。所以，控制库存损耗的第一步就是根据销量合理安排订货量，对于高损耗的商品要分析原因，定期盘点，及时处理库存。

f. 收银损耗。

收银是店面与顾客成交的关键环节，在此过程中也会发生损耗。要控制收银损耗，则需要在收银上下一番功夫：严格制定收银流程，禁止不恰当的收银行为。

g. 价格损耗。

收银机故障或工作人员定价错误、错售商品等造成的价格损耗，要加强工作人员和商品价格标签的管理，减少此类事件的发生。

h. 时间损耗。

时间损耗是商品在进、销、存的过程中，对商品流转的时间点把控不当而造成的损耗。另外，库存管理不当造成商品过期或变质也可以看作时间损耗。要控制时间损耗就要加强管理，安排专门的工作人员进行退货或换货，避免积压。

i. 机会损耗。

在合适的时机，让顾客看到，并且能够买到心仪的商品才能实现商品销售。这就需要便利店控制好商品库存，做到不断货、不积压；严格配合季节变化，应季应节地推出特价商品，尽量陈列在顾客容易看见的货架上，增加顾客购买机会。

3）损耗对经营者的危害

（1）损耗侵蚀经营者利润。

零售经营者一般给便利店制定的损耗标准都低于3‰，但是在日常经营中，超标的便利店还是多不胜数，损耗高者甚至达到了15‰。还有不少便利店，表面上看起来损耗不大，其实都是通过压榨供应商补损来实现的，实际的损耗要高出很多。

（2）损耗高低是管理严谨与否的反映。

只要管理上稍稍懈怠，便利店的损耗就无处不在。只有严格管理，才能最大限度地降低损耗，所以说损耗高低是管理严谨与否的反映。

（3）损耗中内耗往往是主流。

除了一些突然性灾害造成的损耗，其他大部分损耗都是管理人员的疏漏导致的。

在损耗中，内耗往往是最主要的原因，无论是防盗损、储存保质期超时还是生鲜商品管理不当而引起的损耗，都遵循这一惯例，所以降低内耗是非常重要的。

4.9.2　加油站便利店防损管理

某超市开业第一个月的营业额为60万元，但由于商品损耗超过10万元而被迫停止营业。全世界零售业每年的商品损耗高达1600亿美元，而在我国，零售业商品损耗同样巨大，高达250亿元人民币。通过以上数据，可见防损管理对加油站便利店管理的重要性。

1）便利店损耗分类和防治

鉴于加油站加油的车辆比较多，管理者对便利店员工的管理也相对比较松散。相关调查显示，零售企业损耗中的部分是由于员工工作疏忽、偷窃或意外损失而造成的，所以防止损耗应以加强内部管理和员工作业管理为主。

（1）加强员工作业管理。

员工作业管理是有效防损的手段之一，规范员工的操作流程，尽可能把员工工作疏忽等原因造成的损耗降到最低。

首先，由于商品种类繁多，稍不注意就会造成商品价格标签贴错、新旧价格签并存、POP和价格标签商品价格不一致、促销结束后未及时恢复原价，以及没有及时检查商品的有效期等工作失误，造成顾客以低于正常售价的价格购买商品的情况发生，从而产生损耗。因此，加油站便利店必须建立健全规章制度，如及时检查POP与价格标签的价格是否同步；检查商品变价情况，并及时调换；检查商品保质期等。这样才能在此方面减少损耗。其次，由于经营的特殊性，优化库存管理尤为重要。仓库管理会直接影响损耗。便利店进货批次多、批量少，大大增加了仓库商品保管的难度。所以，可安排专人进行仓库管理与监督，制定相关的管理条例，使仓库管理规范化，减少仓库损耗。另外，对于顾客不小心或商品堆放不合理等人为失误造成的损耗，可在仓库安排一个退货商品堆放区，并由专门的员工负责管理，把损耗降到最低。

（2）供应商行为不当造成的损耗。

供应商出现供货数量差异、商品质量以次充好、价格以低充高、与内部员工勾结偷窃等不当行为，会导致商品损耗。针对这种情况，必须对供应商的管理严格把控，同时做到以下几点要求。

a. 供应商进入收货区域时，落实登记检查制度。

b. 供应商在更换不合格商品时，需有退货单或换货单，并经工作人员审核。

c. 供应商送货时，必须在指定地点卸货；送货后，主动打开车厢备查，以避免偷窃行为。

d. 供应商的车辆需经便利店工作人员检查后方可离开。

（3）顾客的不当行为造成的损耗。

面对顾客随身夹带商品、不当退货，在购物过程中污损商品、擅自拆开商品包装盒等行为，加油站便利店必须做到以下几点。

a. 留意携带小型背包进店顾客的购买行为。

b. 定期组织员工进行防盗教育和应对处理培训。

c. 加强店面巡视，留意监控死角和多人聚集处。

d. 对贵重物品或小商品要在显眼处设柜销售。

e. 对于边吃东西边购物的顾客，应委婉提醒其至收银台结账。

2）便利店防损管理的注意事项

减少便利店的损耗可以使便利店在竞争中获得优势。商品非自然损耗的增加，大大提高了经营成本，为了解决这一难题，便利店管理人员在实际操作中，可以从以下3个方面去控制损耗。

（1）提升全员防窃意识。

首先制定一个中心思想，降低损耗，人人有责，群防群治才能做到最好。要对加油站所有在职员工（包括厂家信息员、促销员）进行商品防损知识培训，了解商品被盗、丢失、损坏的危害性，了解偷盗心理与动机，全面提升员工防范意识。

定期对便利店发生的偷盗事故进行通报，让所有人随时了解站内防盗管理的最新动态，对工作表现出色的员工给予奖励。要定期对体积小、价值高的商品加强保管力度、加大检查频率，防患于未然；也可组织内部突击检查，对内盗起到威慑作用。

（2）选择先进的防盗设备。

在选用设备前要对设备性能进行考察、比较，从适应性、效果、质量、价格、售后服务等多方面进行比较，从而选择适合加油站便利店的防盗设备。

（3）建立全面性的防范制度。

防损工作是动态持续的，每个案例都有各自的成因性，所以在常规制度的基础上，可以有针对性地进行完善和补充，制度面前人人遵循的原则，使防损管理逐步规范化。

第5章　加油站汽车服务业务

2004年，老吴开车到新城加油站加油，加满油后突然发现右后轮亏气。老吴凭多年开车经验判断，应该是扎胎了。于是，老吴问加油员小张：能不能充气、补胎？小张回答：对不起，这个没有。老吴又问：周边哪里能修车？小张很尴尬地回答：不知道……

5.1　聚焦重点顾客群体的需求

加油站除了加油还能干什么？这就需要我们聚焦顾客的需求，明白哪些服务能改善顾客体验。从老吴的经历不难看出，以洗车、美容、保养、修理为主要业务的汽服店能满足顾客对车辆服务的基本需求，是驱动加油站开展汽车服务业务的原动力。

5.1.1　顾客画像

（1）顾客在哪：看汽车保有量。

截至2016年年底，我国汽车保有量达到1.94亿辆（不含三轮车和低速四轮农用车），全球占比超过13%，达到美国汽车保有量的60%以上，是第三汽车大国——日本汽车保有量的两倍。

目前国内汽车保有量中占比最大的是狭义乘用车（轿车、多功能乘用车——MPV、运动型多功能汽车——SUV），约占65%；其次是货车，占比约为19%；交叉型乘用车多用于拉货和客运，约占汽车总量的13%；客车数量最少，占比约为3%。

从发展趋势来看，狭义乘用车不仅销量大、增速快，而且受经济波动影响小，预计占比会不断扩大；从消费特性来看，狭义乘用车多为公务和私家车辆，相对于其他类型车主，狭义乘用车的车主购买力强，价格敏感度低，是汽车服务业务的重点目标顾客。

2）顾客是谁：积极乐观时尚的消费群体

从差异化、品牌化服务策略考虑出发，加油站汽车服务业务的主要目标顾客，可定位于追求时间效率、具有稳定收入、愿意尝试新生事物的中青年消费群体。目前，这些车主还无法找到品牌强大、信誉有保证，且价格经济实惠、服务便利的消费场所。因此，加油站汽车服务业务主要顾客群体还是周边社区居民的私家车及出租车等。

私家车车主，主要是70、80、90后车主，有意愿体验新的消费方式，追求专业、质量、快速、服务、经济的汽车服务；出租车车主，主要是没有强制定点保养的车主，追求经济、快速、专业的汽车服务；公务车车主，主要是油站企、事业单位客户，追求专业、服务、经济、管理高效的汽车服务。

5.1.2 顾客期望的服务

我国居民消费水平不断提升，汽车保有量不断增加，加之汽车零配件本土化率越来越高，汽车维修养护的技术门槛越来越低，我国居民对专业汽车服务业务的需求逐渐增强。

汽车服务业务主要包括新车销售、二手车买卖、汽车维修养护、汽车用品销售及汽车金融租赁等。

加油站汽车服务业务要遵循以站找人、以人定项的原则，迎合消费者需求，结合国内汽车后市场"以养代修"以及连锁化的发展趋势，连锁开展汽车保养、美容和汽车用品销售等业务，在区域形成规模化优势。

5.1.3 顾客需要的商品

从顾客角度出发，车主对汽车相关商品的需求主要包括以下几类。

1）车用养护用品

车用润滑油、车辅产品（冷却液、燃油复合剂、玻璃水、尿素水等）、汽车养护用品，包括泡沫清洗剂、空气净化剂、仪表蜡、划痕修复蜡、真皮护理剂、补漆笔、轮胎护理剂等。

专栏1：打造中国石油的金字招牌——"昆仑"

"昆仑"是中国石油最重要的品牌，2000年，中国石油依据"五统一，一集中"的战略成立了中国石油润滑油公司，其后整合推出"昆仑"润滑油及系列副品牌（图5-1）。尼尔森发布的独立研究报告显示，昆仑润滑油品牌资产指数位居国产润滑油品牌之首。

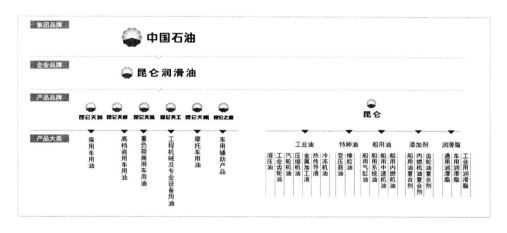

图5-1 昆仑品牌标识图释

"昆仑"背后是强大的技术力量，拥有国家工信部唯一授予"工业产品质量控制和技术评价实验室"的润滑剂实验室、5个国家实验室认可委员会认可的实验室、2家通过国家计量认证的润滑油检测站，以及1578台（套）国际先进的分析、评定设备，是中国最完备、设施最先进的油品研发、检测机构。

经过几年的经营和发展，"昆仑"车用润滑油和"昆仑之星"车辅产品销售已成为加油站非油品业务发展的重要组成部分。2016年，仅"昆仑之星"车辅产品销售收入即突破3亿元，毛利突破1亿元，同比增长近3倍。

未来，"昆仑"将加大力度完善加油站销售渠道，努力探索站外销售渠道，继续实现突破式增长，为将"昆仑"品牌打造成中国石油的名片和金字招牌而努力。

2）车载电子产品

包含车载影音系统（DVD、MP4、MP3）、车载GPS、汽车音响、车载充电器、车载冰箱、车载氧吧（加湿器、消毒器）等。

3）汽车装饰用品

包含地胶、座垫、冰垫、水垫、软冰垫、按摩腰垫、腰垫、地毯、座套、贴纸、匙扣、卡通玩具、风铃、挡把、烟灰缸、手把套、反光板、挡位盖、车用衣架、隔热棉、纸巾盒、垃圾箱、手机防滑垫、气压表、方向盘套、仪表装饰板、扶手箱、挂饰、汽车贴纸、汽车灯框等。

4）其他功能性用品

包含汽车轮胎、轮辋、防滑链、气门芯、充气泵、灭火器、方向盘锁、排挡锁、自排锁、车罩、移动车库等。

5.2 加油站汽车服务业务设计

加油站规划和设计汽车服务业务应坚持安全第一，效益为先。规划和设计是开展一项新业务的"龙头"，直接影响业务预期功能的实现和后续发展。加油站开设汽车服务业务，应考虑以下主要设计原则。

一是加油站汽车服务业务形象设计要有助于提升加油站品牌形象。

二是加油站汽车服务业务功能设计要有助于满足顾客对"一站式"服务的延伸需求，有利于提高加油站油品、非油品的销售和创效能力。

三是加油站汽车服务业务的平面和流程设计既要标准化、模块化、布局合理化，又要流程顺畅，节约土地资源，发挥业务综合效益。

5.2.1 加油站汽服店分类

1）分类标准

加油站汽服店分为A、B、C三类。主要依据是：加油站站址、场地条件、油品纯枪销售（即同通过加油枪销售的油品）情况及周边客户需求等（表5-1）。

（1）A类店：位于地级市及以上城市的一级干道加油站和社区加油站。其特点是服务项目全，设置洗车、保养、美容、汽车商品销售等全套服务；汽车服务店面积在150平方米之上。

表5-1　各类店设置的基本条件表

类别	油品销量/年	汽柴比	汽车维修服务使用面积	服务需求	备注
A类店	≥8000吨	≥2:1	≥150平方米	洗车、维护、修理等	公路站根据需求可设置商务车维修服务项目
B类店	≥5000吨	≥2:1	≥110平方米	洗车、维护等	
C类店	≥3000吨	≥2:1	≥70平方米	洗车等	

（2）B类店：位于地级市及以上城市的二级干道加油站和社区加油站。其特点是服务项目较全，设置洗车、保养两项及以上服务；汽车服务店面积在110平方米之上。

（3）C类店：位于县级及以上城市的三级干道加油站和社区加油站。其特点是服务项目相对单一，设置洗车或洗车加保养项目；汽车服务店面积在70平方米以上。

（4）各类店宜按下列基本条件设置。

a.A类店设置洗车、汽车维护和修理服务项目。

一是洗车服务项目宜具有高压预洗、轮毂清洗、车身清洗等功能，宜设置泡沫喷淋、底盘清洗、水蜡喷淋、车身吹干（擦干）、内饰清洗等功能（表5-2）。

表5-2　洗车服务项目功能表

类别	项目					
	车身外表面自动清洗		车身外表面手动清洗		车身内饰清洁	
A类店	高压预洗	√	高压预洗	√	内饰清理	○
	泡沫喷淋	√	泡沫喷淋	√		
	底盘清洗	○	车身清洗	√		
	轮毂清洗	√	车身擦干	√		
	车身清洗	√	打蜡	○		
	水蜡喷淋	○				
	车身吹干	√				
注：√代表必选项目　　○代表可选项目						

二是维护服务项目宜选配维修频次高，占位时间短，工位设置、设备设施配套具有通用性的项目（表5-3）。

表5-3　维护服务项目表

类别	项目					
	车身及内饰清洁维护	轮胎动平衡	四轮定位检测调整	空调维护	汽车装潢	供油系统维护及油品更换
A类店	打蜡 √	换轮胎轮辋 √	四轮定位检测、调整 √	空气滤清器 ○	汽车装潢的清洗及修缮 ○	换机油、机滤 √
	封釉 √					
	镀膜 √					自动变速箱免拆清洗 ○
	玻璃贴膜 √	轮胎换位 √		空调滤清器 √	更换真皮座垫 ○	更换动力转向液 ○
	隐形车衣 √	动平衡 √				
	除臭消毒 ○	轮胎充气 √				更换冷却液 √
	底盘护甲 ○	轮胎压力监控系统 √		空调冷媒 √	内饰翻新 ○	润滑系统免拆清洗 ○
	抛光 ○	轮胎修补 √				燃油系统免拆清洗 ○
	内饰护理 ○					更换燃油滤清器 ○
	轮胎轮辋 ○					更换其他车用油液 ○

注：√代表应选项目　○代表可选项目

三是修理服务项目宜选配与维护服务项目所用工位、设备设施通用性好，修理频次高，占位时间短的服务项目（表5-4）。

表5-4 修理服务项目表

类别	项目								
	汽车玻璃安装		电气系统维修		空调维修		发动机维修		车身维修	
A类店	更换汽车前挡风玻璃	○	内部照明装置及信号灯的检修	√	空调冷媒回收充注	○	汽缸压力检测	√	车身尺寸测量	√
							检测、更换点火高压导线	√	车身钣金（凹陷、划痕）修理	√
	更换汽车后挡风玻璃	○	外部照明装置及信号灯的检修	√			检查、调整或更换空调压缩机传动带	√	车身损伤修复	○
							检查、调整或更换发电机传动带	√	车身零件的更换	○
	更换汽车侧挡风玻璃	○					更换正时齿带、调整或更换正时介轮	○	车身漆面修复	○
							检查、更换节温器	○		

注：√代表应选项目 ○代表可选项目

b.B类店应设置洗车服务项目和汽车维护服务项目，洗车服务项目功能同表5-2，维护服务项目功能同表5-3。

c.C类店应设置洗车服务项目，洗车服务项目同表5-2。

2）服务项目规模

不同类别加油站汽车维修服务项目规模的设置需满足一定的要求

（表5-5）。

表5-5 维修服务项目规模表

类别	服务项目		可供汽车服务使用面积（平方米）	维修用房（平方米）	工位数量（个）	停车位数量（个）	停车位面积（平方米）
A类店	洗车、维护、修理		≥150（170）	≥100	≥2	≥3	≥45
B类店	洗车、维护		≥110（130）	≥80	≥2	≥2	≥30
C类店	洗车	自动洗车	≥90	≥60	≥1	≥2	≥30
		手动洗车	≥70	≥40	≥1	≥2	≥30

注：当洗车需求较大时，单个工位不能满足需求，可设置多个洗车工位并相应增加擦车工位，休息区域宜与加油站共用

（1）汽车维修服务项目规模应满足《汽车维修业开业条件》（GB/T 16739-2014）和《交通部关于修改〈机动车维修管理规定〉的决定》要求。

（2）汽车维修服务项目规模应根据设置服务项目及预测服务需求确定。

（3）汽车维修服务项目规模的确定还应充分考虑站内所提供的各项条件。

5.2.2 加油站汽服店形象设计标准

1）设计目标

一是根据目前流行的加油站设计规范和经营方式特点，满足最新站区布局、建筑空间主流设计，进行以标识为核心的加油站汽车服务形象包装设计。

二是设计应追求现代化、开放兼容性，既具有品牌特色，又符合商业环境发展潮流的特点，以及能够给人宽敞、亮丽、大气、细节精致的感受。

三是形象设计要服务于加油站汽车服务经营，尽可能考虑人性化设计，力图通过系统全面的创新型设计，营造最佳商业氛围，达到吸引顾客、扩大销售、创造油品和汽车服务业务效益的整体设计目标。

2）设计重点

（1）色调搭配设计宜采用"现代简约、色彩明快"的主要理念，结合国内外优秀设计进行。

（2）标识、设施、广告三者营造一种具有变化的灯照环境效果，形成完整的消费环境。

（3）整体形象设计要吸收现代气息，注重营造有亲切感的商业氛围，吸引顾客进店消费。

（4）设备设施按现代风格进行设计和选择，功能、形象、色彩相匹配，符合消费心理习惯，吸引顾客消费。

3）设计细节

（1）标识、设施、广告三者营造一种具有变化的灯照环境效果，形成完整的消费环，可选择国内外较流行的型钢钢结构，其特点是效果更轻巧，包装发挥空间较大。

（2）实体建筑物结构型钢和框架式结构，保证形象包装效果的比例协调性和工艺尺寸标准性，充分考虑包装实施统一性、实施标准规范性和包装工艺材料一致性。

（3）牌匾、限高柱、地面划线、标识牌、广告等整体形象包装构成元素的细节统一考虑。通过各种组合、面积比例和平面线条变化，形成既统一又有不同风格特色的设计。

（4）装修材料要符合环保要求的无毒无害，符合消防和耐火等级标准。保证效果前提下要"安全可靠、便利快捷""经济适用、耐久节约"。

（5）布局紧凑，分区合理，建筑物尺寸比例关系协调，与标识实施效果搭配。

5.2.3 加油站汽服店的建设

1）选址要求

（1）符合城乡规划、环境保护和防火安全的要求。

（2）结合加油站建设总体规划，应满足油品及汽车服务3~5年的发展需求。

（3）宜选择站前车流量大、进站率高、交通便利、汽油车辆为主的加油站。

（4）宜选择加油和汽车服务车辆能够充分分流、互不干扰的加油站。

（5）宜选择有汽车服务需求且与油品业务有相互促进作用的加油站。

（6）宜选择电源、水源、热源、通信网络等综合条件较好的加油站，应避开地上和地下的各类管线、高压线缆、地下光缆及地下构筑物复杂的区域。

2）加油站汽车服务空间布局

加油站汽服店主要分为工作区和辅助功能区。工作区为各种工位区，如洗车工位、保养工位、美容工位、集成工位、商品卖场等；辅助功能区包含顾客休息室、空压机房（主动力源）、储藏间（储油间和储物间）。

考虑加油站汽服店开展的服务项目特性，结合加油站布局情况，遵循标准化、模块化的设计理念，将加油站汽车服务业务的平面布置分为3类，分别是单元布置、组合布置和整站布置。

（1）单元布置。

采用单元布置设计是为了满足单工位和集成工位在最小面积下实现服务项目的最大化。根据洗车、保养、美容等服务的不同要求，可以完成单元布置（图5-2，图5-3，图5-4，图5-5，图5-6）。

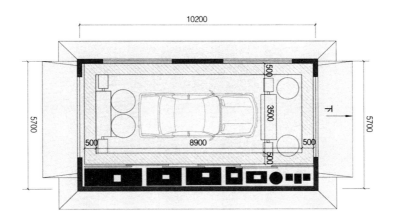

序号	设备名称	设备用途	备注
1	洗车机	洗车	导轨安装
2	高压泵	预冲洗	管路连接安装
3	低压泵	控制洗车水压	管路连接安装
4	低压泵	水箱用	管路连接安装
5	砂缸过滤器	污水过滤	管路连接安装
6	空气压缩机	供手动气枪用	管路连接安装
7	自来水储水罐	清水储存	管路连接安装
8	循环水储存罐	中性水储存	宜地下安装
9	污水沉淀罐	污水沉降	宜地下安装
10	污水收集沉降罐	污水沉降	宜地下安装
11	配电柜	供电	挂墙
12	水循环系统控制柜		挂墙

图5-2 洗车业务单元设置示意图

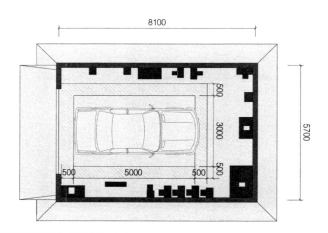

序号	维修服务项目	设备
1	轮胎动平衡及修补	轮胎螺母拆装机或专用装机设备
		车轮动平衡机
		轮胎修补设备
		轮胎漏气实验设备
		轮胎轮辋拆装
		除锈设备或专用工具
		轮胎气压表、千斤顶
2	汽车润滑油养护	剪式举升机
		空气压缩机
		不解体油路清洗设备
		发油吸集器
		齿轮油加注设备
		液压油加注设备
		自动液更换加注器
		类脂加注器
3	四轮定位检测	四轮定位仪

说明：1.本方案为典型维修间平面布置，可实现简单快修快保。
　　　2.宜与洗车维护间联建，与维护间联建时可不设间隔墙。
　　　3.多个汽服工位可共用一台压缩机。

图5-3　集成工位单元设置示意图

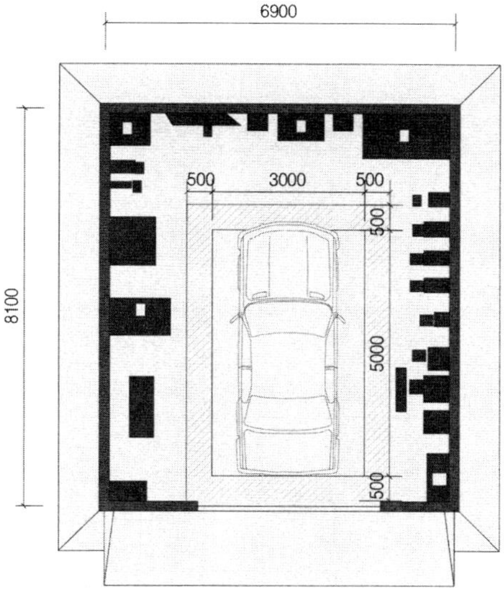

序号	维修服务项目	设备
1	轮胎动平衡及修补	轮胎螺母拆装机或专用装机设备
		车轮动平衡机
		轮胎修补设备
		轮胎漏气实验设备
		轮胎轮辋拆装
		除锈设备或专用工具
		轮胎气压表、千斤顶
2	汽车润滑油养护	剪式举升机
		空气压缩机
		不解体油路清洗设备
		发油吸集器
		齿轮油加注设备
		液压油加注设备
		自动液更换加注器
		类脂加注器
3	四轮定位检测	四轮定位仪
4	汽车美容装潢	空气压缩机
		封蜡釉机（打蜡设备）
		抛光机
		消毒机（蒸汽或臭氧消毒机）
		喷泡剂
		吸尘器
		贴膜专业工具

说明：1.本方案为典型维修间平面布置，可实现简单快修快保。

2.宜与洗车维护间联建，与维护间联建时可不设间隔墙。

3.多个汽服工位可共用一台压缩机。

图5-4　保养业务单元设置示意图

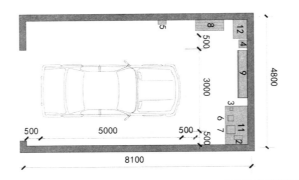

序号	设备名称	外形尺寸 （长×宽×高）mm	功率 （KW）	设备用途	备注
1	剪式举升机（小）	1450×2100×330	2.2	车辆抬升	固定设备
2	打蜡机 封釉机	300×150×90	0.42	车辆上蜡	移动设备
3	抛光机	100×100×50	1.2	车辆抛光	移动设备
4	吸尘器	300×300×150	2.0	车辆内部吸尘	固定设备
5	气枪	140×120×90		汽车美容	移动设备
6	喷泡机			油膜分离	移动设备
7	桑拿机			汽车室内清洗	移动设备
8	鹿皮及 浴布若干块			擦车外饰 及玻璃	架式放置
9	裁剪工作台	2000×1200		裁剪贴膜	采用折叠式
10	热风枪			贴膜专用	挂壁
11	专用工具车	1400×800×1200		放置工具	移动设备：内部放置贴膜专业用工具及电动扳手
12	废油吸集器	700×500×1200		接废油	移动设备

说明：

1. 本方案以美容功能为主，当换油需求量大时，设置剪式举升机（小），可兼用作换油工位。

2. 本方案宜采用小包装注方式，当与保养间邻建时，可共用保养间内的注油设备，实现油轮枪加注。

3. 本方案应与洗车间或保养间组合使用。

图5-5　美容业务单元设置示意图

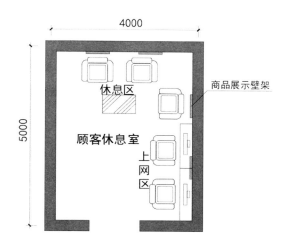

说明：
1. 顾客休息室最小使用面积20平方米，长宽根据实际情况进行调整。
2. 邻保养间墙体设置大玻璃窗。
3. 室内应设置高档商品展示柜。
4. 室内设有茶饮、上网、休息娱乐设施。

图5-6　辅助功能区——顾客休息室单元设置示意图

（2）组合布置。

组合布置是根据功能需求，通过单元组合形成的开间布置，分别应用于3类汽服店的设计。根据不同的汽车服务店类别进行组合，分别是：①C类店——基本店组合，含洗车间和保养间（图5-7）；②B类店——标准店组合，含洗车间、保养间、美容间、空气压缩机间、储藏间）（图5-8）；③A类店——高级店组合，含洗车间、保养间、美容间、商品卖场、顾客休息室、空气压缩机间、储藏间（图5-9）根据加油站的面积及形状，组合布置可以独立建设或与加油站站房联合建设。

选择组合布置时，要针对加油站的形状、面积、加油区及站房的位置综合考虑，合理设计加油服务与汽车服务的流程路线，尽量减少行车路线交叉。

优先选择布置在加油站入口，其次选择在加油站里侧布置，条件受限时，选择在加油站出口侧布置。

图5-7 C类店组合布置示意图

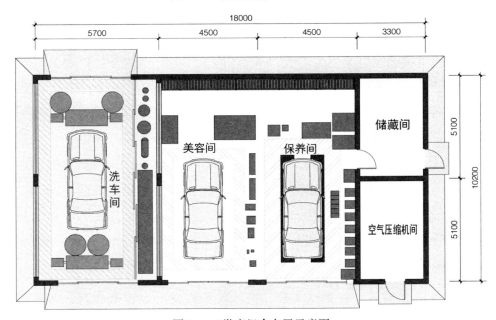

图5-8 B类店组合布置示意图

图5-9　A类店组合布置示意图

（3）整站布置。

整站布置是将汽车服务单元布置或组合布置纳入加油站站区内的一种布置方案。加油站汽车服务店选址规则是确定整站布置方案的重要参考。整体遵循以油为主，油非互动的设计原则。当加油站周边有较大的潜在汽车服务消费需求时，要充分考虑远期发展的需要，选择整站布置方案。

不同类别加油站汽服店整站平面设计方案不同（图5-10，图5-11，图5-12）。

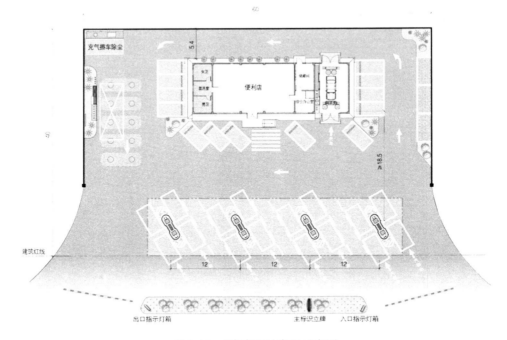

图5-10　C类店整站布置示意图

说明：

1. 适用于长边临道的城市干道站，服务车辆多为中小型。

2. 加油区平行通过式布置，加油岛角度根据具体站界情况调整，应保证排距之间满足三车道，加油岛与站房之间满足双车道，站房后宜设置行车道，满足高峰期消峰需求。整站加油和非油动线顺畅，高效快捷。

3. 车头朝向便利店，站房周围及围墙边不影响车辆行驶空地处设足够数量停车位，促进非油消费。

4. 油罐采用双层罐，行车道下布置，安全环保且提高土地利用率，密闭卸油点设置在出口侧，方便槽车驶离站内。

5. 油罐罐容设置应满足配送合理，可根据具体销量调整个数及品号。

6. 加油岛数量和站房（含便利店）规模根据实际需求和站界尺寸也可做适当调整。

7. 对于地理位置较好、销量较大且存在高峰期的加油站，建议选用六枪加油机，进行全油品分配，加油岛排距可适当加大，提高加油效率。当经营品种增加时，也可选用八枪机。其余情况可选用四枪机。

8. 多雨地区，罩棚与站房可搭接布置或在罩棚与站房间设遮雨棚，充分考虑人性化。

9. 站房、围墙、罩棚立柱等可视区域设置广告灯箱，站区空闲处设置景观绿化，营造商业氛围，促进消费。

10. 站内设有明显指示标牌及地面标识，便于顾客识别。

11. 非油业务的选用，应根据站址及需求分析确定，本方案仅为典型案例，实际应用时应根据站址、地形、面积、预测油品和非油功能、销量、品种和周边环境。

功能规模参考表

功能区	建、构筑物名称		规模
加油区	加油岛		加油岛数根据实际需求分析确定
	加油机		六枪机/四枪机/四枪机和六枪机组合，根据站址和实际需求选配
	罩棚投影面积		～440m^{2}可根据加油岛个数、排距调整面积
非油区	站房		≤300m^2（一层）　　≤400m^2（二层）
	便利店		100～140m^2
	停车位		根据驶入率、非油消费率、周转率等测算确定，一般情况下宜≥3倍的加油岛数
	汽服	洗车	根据实际需求选设
		保养	根据实际需求选设
		美容	根据实际需求选设
		充气除尘	根据实际需求选设
		加水	根据实际需求选设
	快餐		根据实际需求选设
	充电		根据实际需求选设
	其他非油业务		根据实际需求选设
罐区	油罐		宜按规范二级站罐容最大化设置，油罐个数及各品种对应体积根据预测销量调整，并应保证各油品配送周期尽量均衡

综合指标	站区占地	～2400m^2
	设计加油能力	1.5～2万吨/年
	设计非油能力	300～350万元/年
	经营面积占比	0.34
	每平米实现销售额	4.9～5.06万元/年
	硬化面积占比	0.65
上述指标仅针对此典型布置方案，功能规模发生变化时应相应调整		

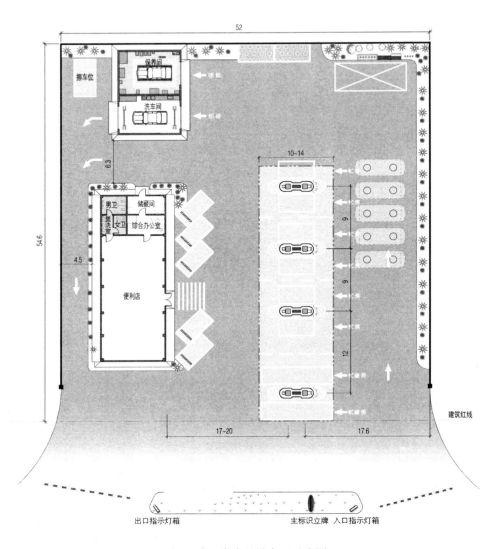

图5-11　B类店整站布置示意图

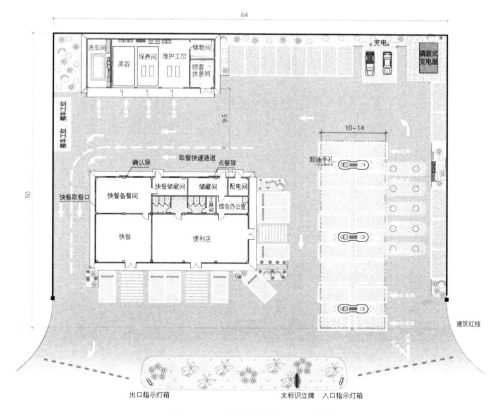

图5-12　A类店整站布置示意图

3）加油站汽车服务业务设备选择

（1）设备选择形式和要求。

加油站存储了易燃易爆油气，消防要求很高；而普通汽服店满足《汽车库、修车库、停车场设计防火规范》（GB 50067—2014）的规定即可。因此，加油站汽车服务店在建设和运营时必须提升消防等级，满足《汽车加油加气站设计与施工规范》（GB 50516—2012）的相关规定。

因此，选择加油站汽车服务店的设备时，要对照上述规范的要求，选择满足加油站安全规定的设备，适合加油站建造的特殊要求。

（2）设备选择。

a. 基本原则。

在选择加油站汽车服务设备时，应统筹考虑以下原则。

一是符合国家规定。《汽车维修业开业条件》（GB/T 16739—2014）对汽车服务企业的营业范围、对应的设备做出了明确规定，选择设备时应遵循其管理规定。

二是根据工艺环境，选用安全性高的设备。设备的安全性是指设备在使用过程中对操作人员、服务车辆及设备本身的安全保证程度。考虑加油站的具体情况，应选用防爆、防静电、防漏电的设备，如汽车服务店的动力源－空气压缩机及电路要采用防爆设计；自动洗车机要满足耐腐蚀、耐高压、防漏电的要求；带压设备的管路要进行高压测试，选用质量可靠的接口和管路。尽量选用带有自动控制、安全保护功能设备，如自动锁止、自动报警等功能的设备。根据消防要求，配备足够的灭火器材。

三是技术领先，设备可靠耐用。根据汽车技术的发展趋势，前瞻性地选配技术领先的维修、检测设备，以满足车型发展的需求，提高设备的生产效率。

在选用先进设备的同时，充分考虑设备的可靠性和耐用性，选择寿命长和高于行业平均无故障运行时间的设备。

四是选用经济性好的设备。选择设备时，不仅考虑设备的购置成本，更要考虑设备投资回报期限和后续的保养、维修成本。应选择结构合理、便于拆卸和维修的设备；要求设备供应商能提供较好的售后服务和持续的技术支持；对于使用率偏低、价值较高的设备可考虑多店共用。

五是充分考虑设备的配套性。充分考虑不同设备之间的协作效应，以发挥拟采购设备的全部功用。如洗车设备和汽车美容设备的配套，根据主要顾客需求有针对性地配备专用工具，等等。

六是选用环保设备。环保是汽车服务行业的发展趋势，从遵守国家法规和保护环境角度出发，应选用环保型设备。如使用节水洗车机和环保洗车液，降低清水消耗和避免污染环境；采用能回收污染物的设备，如空调冷媒回收充注机、废油吸集器和接集器等；北方汽车服务店要配备汽车尾气回收装置，确保工作区通风。

七是慎重选择专用设备。专用设备是针对某项服务项目或某种车型而设计和制造的设备，专用设备在特定领域功能全面，是开展特定业务的必备选择。针对加油站汽车服务店服务车型多样的特性，要根据业务需要、市场需求和技术能力选择专用设备，而不能盲目跟风采购，造成设备闲置和浪费，如盲目选用针对特定车型的清洗和检测设备。

b.主要设备明细。

根据加油站开展的汽车服务业务范围和服务项目，依据国家标准和行业惯例，列举不同业务的主要设备清单，供参考。

一是洗车业务。洗车业务需要的主要设备包括自动洗车机（含循环水设备）、冷热水高压清洗机、喷泡机（人工洗车）、吸尘器、脱水甩干机、空气压缩机。

二是美容业务。美容业务需要的主要设备包括洗车设备、研磨/抛光机、臭氧消毒机、桑拿机、热风枪、打蜡封釉机等。

三是保养业务。汽车服务店保养业务由很多具体项目组成，分属于不同的专项修理项目。按照国家管理规定，禁止超范围经营。

四是轮胎动平衡及修补。从事该项目需要自动/半自动拆胎机、轮胎平衡机、空气压缩机、轮胎气压表、补胎设备、千斤顶等。

五是四轮定位检测调整。从事该项目需要四轮定位仪、大型剪式举升机、空气压缩机、轮胎气压表等。

六是供油系统维护及油品更换。从事该项目需要免拆型油路清洗机、废油吸集器/废油接集器、废油桶、举升机、空气压缩机等。

七是空调维修。从事该项目需要空调冷媒回收加注机、数字式万用表、空调检测设备、气焊设备等。

八是辅助系统。供配电用电负荷：单站最大用电负荷50千伏安，最大设备电负荷12千瓦。供配电电源：依托城市公用电网（380伏或者220伏）。给排水：给水，依托城市生活用水管网；排水，依托城市生活污水管网。

c.主要设备参数。

根据服务项目需要，通过市场调研、对照国家标准确定设备和工具的主要类型和参数，主要设备进行招标或者自行对比选定具体型号。

主要设备的参数如下（表5-6、表5-7、表5-8、表5-9）。

表5-6　洗车设备

洗车机名称	外形尺寸（米）	洗车速度辆（小时）	洗净度	耗水量车（升）	耗电量车度	耗气量车（立方米）	功率（千瓦）	气压（兆帕）	风干%	运营停机率%	作业条件	安装方式
小型汽车洗车机	9×3.5×3.1	10~15	高	≤100	≤0.9	≤0.05	11	0.25	≥95	≤0.2	≥4℃	导轨

表5-7　举升设备

设备名称	举升高度（米）	举升重量（吨）	举升时间（秒）	运营停机率%	功率（千瓦）	额定电压（伏）	作业条件	安全保证
子母剪式举升机（大）	2.1~2.3	3.5	上升≤50 下降≥20	0.2	2.2	220V/380V 50Hz	工位留有足够的操作空间、地面、操作台平整，防滑	防爆阀，安全锁具有限高装置
剪式举升机（小）	1.7~1.9	3	上升≤50 下降≥20	0.2	2.2	220V/380V 50Hz	同上	同上

表5-8　主要保养及美容设备

设备名称	性能参数	设备用途	运营停机率%	功率(千瓦)	额定电压(伏)	作业条件	安全保证	外形尺寸(毫米)
3D四轮定位仪	测量精度±0.01	四轮定位	0.03	0.5	220/50Hz	设备与检测车辆之间要留一定的距离,预留工装摆放位置	检测仪器的精确度	2700×770×900
轮胎拆胎机	扭矩≥1000牛·米	拆装轮胎	0.1	0.2	220/50Hz			1700×1150×1750
动平衡机	测量时间6s,速度<200转/分	平衡轮胎	0.1	0.2	220/50HZ	温度0~50℃,湿度10%~90%		960×760×1160
润滑油系统免拆洗机	0.25	保养用	0.7	0.18		设备的移动通道、操作空间,气源保证	供气点距离设备应尽量近	590×410×1050
燃油系统免拆洗机	0.25	保养用	0.7	0.18		设备的移动通道、操作空间,气源保证	供气点距离设备应尽量近	520×415×1050
电脑检测仪		检测用	0.01		电池12V	软件需定期升级,接口要相互匹配	无	800×550×260
动力转向交换机		保养用	0.7	0.18	12V直流电	设备的移动通道、操作空间,电的供给	插座设置要近	529×451×1050

续表

设备名称	性能参数	设备用途	运营停机率%	功率（千瓦）	额定电压（伏）	作业条件	安全保证	外形尺寸（毫米）
冷媒回收充注机		保养用	0.1	0.18				1320×838×508
空调冷媒检漏仪	灵敏度≤14.15克/年	检测用	0.01		6V直流电			200×80×360
电瓶电量测试仪	准确度99.8%	检测用	0.01		电池12V			300×350×120
加注枪	计量精度0.3%	加注机油	0.3		电池	吊装位置设置	吊装牢靠，管线敷设牢固	
气泵	0.25立方米/秒	抽机油	0.03			气源保证	无	Φ200×60
抛光机		车辆抛光工具	0.5	气压4~6千克		气源保证	无	
打蜡封釉机			0.01	0.18	220/50HZ			
喷泡机	2.5~3.5帕	油膜分离	0.01	0.18	220/50HZ			
桑拿机	1.8升、3匹	车内清洗	0.01	1.5~1.8	220/50HZ			
臭氧消毒机		车内消毒	0.01	0.18	220/50HZ			
吸尘器					电池12V			

表5-9　动力设备

设备名称	压力 （兆帕）	产气量	功率 （千瓦）	额定电压 （伏）	频率	耗电量
空气压缩机	0.85	1.1m3/S	7.5	220V/380V	50Hz	7.5℃/h

作业条件	设备用途	运营停机率%	安全保证
工位留有足够的操作空间，地面、操作台平整、防滑	为汽服设备提供所需气源	5	设置灭火器材，控制室内温，度定期检查通气管线

（3）设备采购。

连锁加油站经营者大批量采购设备时，可采用公开招标方式，公布设备招标文件，明确设备的性能要求、软件配置、主要部件参数、采购数量、质保、交货、验收、售后服务等基本信息；加油站经营者按照相关规定进行评标，确定最终供应商，签订采购合同或者入围合同，立即执行采购计划或者由汽车服务店按照入围合同自行采购。

普通加油站经营者进行单一汽车服务店设备采购时，可根据主要参数到市场进行比对后自行采购。

专栏2：加油站开办汽车服务业务手续办理参考流程示意（图5-13）

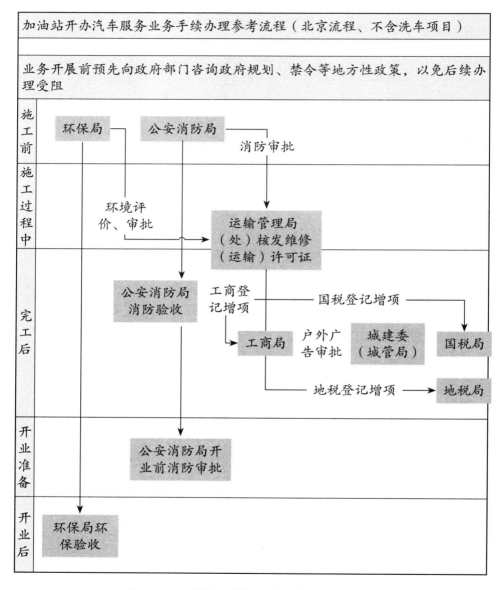

图5-13　加油站汽车服务业务手续办理参考流程

5.2.4　加油站汽服店的运营

1）加油站汽车服务业务商品分类及采购

（1）汽车配件分类。

在汽车维修行业中，通常将汽车零部件、汽车标准件和汽车材料3种类型的产品统称为汽车配件。汽车零部件是指编入汽车配件目录，并标有统一规定的零部件编号的配件。按照国家标准设计与制造，对同一种零件统一其形状、尺寸、公差、技术要求，能通用在汽车上并具有互换性的零件称为汽车标准件。汽车材料是指各种油料、轮胎、蓄电池等。

由于汽车构造的复杂性，汽车配件品种繁多。据统计，一家仅拥有A0、A、B级3种类型汽车的合资厂商，旗下常备配件种类就达到近60万种。具备一定规模的汽配商和修理厂，其经营活动涉及的配件一般也超过1万种。对于汽车保养和美容业务来说，其业务活动相对简单，故而涉及的汽车配件种类不多，主要包括车用油液、轮胎、四滤、蓄电池、皮带、灯泡、雨刮片、车用化学品（各类清洗剂、车蜡）、防爆膜等常用件，但是要服务全系车型时，就会导致汽车配件的品种大大增加。虽然其业务涉及的配件种类远远小于4S店，但在某一种配件型号上需要配备的数量远远大于4S店，简单说就是：深度浅，宽度大。

（2）汽车配件采购。

a.汽车配件质量对于服务质量至关重要。

汽车保养是指为维持汽车完好技术状况或工作能力而进行的作业，期间会进行部分汽车配件的更换以达到作业目的。因此，对于加油站汽车服务店而言，影响保养服务质量的因素主要有两点：一是技工的技术水平和工作态度；二是汽车配件自身的质量。

b.配件采购原则和方式。

采购原则如下。①坚持业务相关原则，根据具体业务和顾客需求采购配件，确保适用性。②坚持优质优价原则，不要仅以价格作为配件采购的唯一标准。③坚持合理采购原则，根据库存和预期销量确定每批次的采购数量，避免配件积压。④坚持质量第一原则。无论在选择供应商，还是验收入库的过程中，都要严把质量关，防止假冒伪劣配件流入仓库。经营者针对通用的配件，如油液、轮胎、蓄电池等，应选用知名企业的名牌产品；加强入库验收能力，对于部分易出现假冒伪劣产品的配件应具备一定的检验能力；不得购进三无产品。

采购方法：由于配件的种类、型号繁多，根据汽车保养和美容业务的特点，对不同类型的配件采用不同的采购方式，集中和分散采购方式相结合。①集中采购。具备条件的连锁加油站经营者可以采取招标方式集中采购常用的大批量配件，然后分配到各个分店，保证配件质量，降低采购成本。单个加油站汽车服务店可以与当地知名品牌的经销商签订协议，采购业务所需的大批量配件，如油液、四滤等。汽车轮胎由于单品价值高、占压资金大，销量有限，可以采取定点订货，按需送货方式采购。②分散采购。汽车保养业务所需的非标准化产品、小批量消耗性物料可以采取分散采购方式。

2）加油站汽车服务业务服务流程

（1）设计原则。

加油站汽车服务流程设计应满足消费需求，符合消费习惯及流程，遵循的基本原则如下。

a. 行车路径短，行车路线顺畅、不交叉；

b. 高效、方便、快捷、安全；

c. 加油、便利店、汽车服务统筹兼顾、优化布置；

d. 符合各类消费习惯，各功能区利用率高。

（2）基本消费流程（图5-14）。

图5-14 加油站消费基本流程

（3）汽服店消费流程（图5-15）。

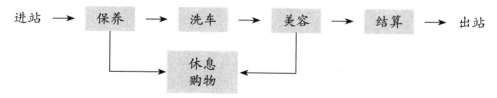

图5-15　汽车服务消费习惯流程

（4）汽车服务店与加油站站房分建情况下，加油、汽服、便利店消费流程（图5-16）。

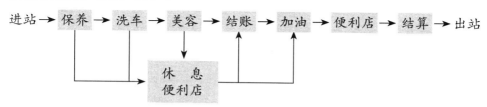

图5-16　加油、汽服、便利店消费流程

（5）汽车服务店与加油站站房合建情况下，加油、汽服、便利店消费流程（图5-17）。

图5-17　加油、汽服、便利店消费流程

综合考虑服务项目的专业性要求，选择加油站汽车服务项目可以分两步走。第一，开展技术水平要求不高、顾客需求大、利润相对较高、安全性高、风险可控的3类维修服务项目和汽车商品销售服务，具体如下。

洗车：自动洗车。

汽车美容：包含汽车打蜡、抛光、贴膜、封釉、镀膜、内饰清洗等汽车美容类服务项目。

汽车保养：更换全车车用油液、专业系统保养及清洗服务、轮胎服务、车载电脑检测、常规易损件（如电瓶、灯泡等）更换等汽车保养类服务项目。

汽车商品销售：销售车载电子产品、车用装饰用品、车用养护用品、其他功能性用品等汽车商品。

第二，在技术支持平台完善后（建立起完善的操作服务技术标准、车型技术数据库、零配件保障体系等），在部分有集中需求的加油站，全面提供汽车保养服务。经营资质、技术水平、顾客需求、场地面积、安全要求均具备的加油站，还可以适当开展汽车小修服务。

专栏3：汽车设备工作流程

目前国内洗车设备主要分为两类，一类为人工洗车设备，一类为自动洗车设备。从节水和控制用工成本的角度考虑，应选用自动洗车设备。洗车流程如下（图5-18）。

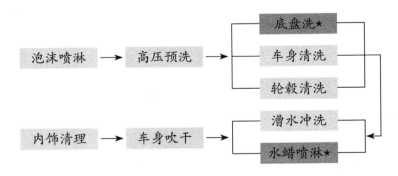

图5-18 洗车消费流程

带*的为洗车客户的可选项目；选择不同的流程，收费不同。

3）加油站汽车服务业务信息化

加油站汽服店完成全国布局后，将形成庞大的网络，因此必须在建设初期开始构建信息化平台，一方面能够控制和集成全国便利店经营的各类信息，共享优质资源，提高仓储、采购、运输效率，更好地支持汽车服务业务高层决策、中层控制和基层运作；另一方面能够运用大数据技术，完成顾客画像，针对顾客的不同需求，找到顾客的"痒点"，开展个性化营销，管理加油站汽服店的客户关系，提高区域市场竞争力。

（1）汽车服务业务信息化必要性。

随着加油站汽车服务店经营的逐渐深入和顾客群体的日益扩大，采用人工方式管理业务的难度会逐渐加大，矛盾将越发突出，主要表现在以下4个方面。

一是大量的数据分析和统计工作需要占用宝贵的人力资源，增加员工工作量，同时还无法保证工作的准确性和及时性，不利于加油站经营者从纷繁的数据中快速发现和解决汽车服务业务中存在的问题。

二是流程管控不到位，过程控制无法有效实施。

三是不能为客户服务提供有效的客户信息和技术信息，客户服务水平难以稳定提升。

四是不利于规范管理，管理漏洞不能被及时发现，内部制约和控制措施无法实现靠前管理，带来一系列潜在的管理风险。

为确保能够进行规范化管理和提供有效的技术支持，并在一定程度上保留加油站汽车服务店的自主经营权，同时减少各个层面的无谓工作量，提高工作效率，有必要在加油站汽车服务店实施信息化系统建设工作。

（2）汽车服务业务管理信息系统主要功能。

根据加油站汽车服务业务范围及管理特点，加油站管理信息系统应具备以下主要功能。

a.依照权限分配进行业务流程控制。通过赋予操作人员不同权限、角色，并按照汽车保养美容九步流程进行规范控制。

b.能够快速查询汽车保养美容所需的关键技术信息，提供技术支持。

c.实现完善的客户关系管理，对客户资料分析、客户预约、服务回访、投诉及处理、客户满意度调查、客户价值分析、客户异常流失等工作进行全面管理，便于企业发现工作中存在的问题。

d.对汽车用品、汽车保养及美容所需物料的进、销、存进行科学管理，定量分析库存，降低库存成本和损耗。

e. 对会员进行有效管理。实行会员卡制度，完善会员卡功能，让会员感受到会员价值。拥有独立加油卡系统的加油站将汽车服务会员卡功能集成到加油卡上，实现业务和管理"一卡通"。

f. 对员工考核实现有效管理。对管理人员、客服人员、洗车工、保养技工进行分类管理，采集影响其业绩的关键数据，按照事先设定的模型进行考核，以科学评价员工的绩效，提高员工积极性。

g. 管理和决策支持功能。一方面系统对所有提前设定的异常事项进行集中提示，便于加油站经营者发现问题；另一方面系统要能够利用现有数据计算出反映运营效果的关键业务指数，供加油站经营者决策。

为便于进行管理信息系统功能升级，对加油站汽车服务管理信息系统实行模块化设计，各模块共享基础信息并根据功能设定进行信息的分析和利用。主要功能模块如下（表5-10）。

表5-10 各功能模块说明

序号	模块名称	模块说明
1	维修管理	实现入站车辆保养流程管理。模块功能包括：接待、返修管理、车间派工、仓库领料、结算收银、车辆出站、维修项目统计分析等
2	车间管理	车间精细化管理，包括派工、计划完工、实际完工、增项、减项、检测、工位调控、进度监督、看板管理、工作量分析等
3	美容管理	实现美容工作的流程管理。模块功能包括：美容工单、美容领料、材料分摊、美容项目、消耗材料查询分析等
4	技术查询	以原厂维修资料为依据，按照车辆行驶里程，一键查询国内外主流汽车厂牌所产车型的保养项目、相关保养零件以及技术关键点
5	配件管理	实现库存物品进销存管理。模块功能包括：货品入库、销售、库存查询、库存盘点、库存盈亏、组装拆卸、进销存统计、入库、出库查询分析等

续表

序号	模块名称	模块说明
6	财务管理	实现营业资金流的查询及管理。模块功能包括：汽服便利店日结、月结、现金银行账、应收应付款、其他收入管理、费用支出管理、付款单、收款单等的查询分析管理 将维修、配件、美容、保险等相关业务的财务统一管理，自动生成凭证。包含会计科目、会计凭证、总分类账、明细账、核算项目账、资产负债表、损益表、固定资产、固定资产明细账
7	会员管理	通过会员卡区分各等级会员客户类别，采用不同的商务政策；支持各种会员卡办卡、储值、消费、积分、升级、退卡功能；分析会员客户价值
8	汽车用品销售	可利用现有的便利店管理系统对汽车用品销售业务进行管理
9	客户关系	实现客户的消费业务及客户关系的管理及查询。模块功能包括：客户价值统计分析、顾客预约管理、投诉处理、回访管理、客户定期拜访、竞争对手分析、客户满意度分析、客户价值分析、客户异常流失报警等
10	短信平台	实现自动或手动发送预设短信的功能（短信平台）。系统自动向客户发送保养提示、促销信息、温馨提示及问候信息、预约接待信息、会员消费信息等
11	管理及决策支持	对异常事项进行提醒和警示；实时计算反映运营效果的关键指数等
12	培训支持	结合员工角色设定，为不同级别的员工设计培训课程并定期在线考核

（3）系统整合。

自主开展汽车服务业务的加油站，须将加管系统和汽服管理系统集成起来，实现业务整合管理。统一设计商务政策，加油、便利店、汽车服务业务共用会员卡，以充分发挥各业务间的互相促进作用。

（4）网络管理方案。

为实现加油站经营者对加油站汽车服务店的实时控制，必须采用网络版管理系统。

a. 内部网络管理方案。

加油站如具备内部网络或专网，可以采用内部网络建设管理信息系统，直接采用集中式布置架构，信息全部在总服务器存取，可实现信息系统实时管理目标。

b. 互联网网络管理方案。

如不具备内部网络，可采用互联网搭建的方案对连锁汽车服务便利店进行实时管理。

管理部门在互联网上设置总服务器，下属各便利店通过互联网在授权控制下访问总服务器。

互联网布置方式的劣势：由于网络原因，不能完全保证数据的安全性，存在数据被截取或丢失的可能性。由于网速问题，连接速度也无法准确预计。

为尽可能解决上述问题，可采用光纤方式接入总服务器，确保网速稳定。服务器设置硬件防火墙，阻挡常见的黑客行为。

具体设置方案可采取"集中式＋分布式"的网络拓扑方案，在总服务器端部署一套管理软件及数据库。在网络畅通的情况下，各店顾客端不使用备用服务器，直接访问总服务器，数据实时传递。各店部署一套备用服务器，在网络中断的情况下自动切换。网络连通后，本地服务器上的修改通过任务表上传到总服务器，保证其数据的一致性。

对本地顾客端进行管制，封闭不必要的端口，对互联网的非工作访问要严格限制。培训合格网管对本地数据库进行维护。

此方案可对各店进行实时控制，实现联网目标。在极端情况下（如网络连接中断），会员积分、储值等需要实时实现的功能停止使用。

4）加油站汽车服务业务营销运作

（1）市场组织。

市场工作组织是指加油站汽车服务店管理部门为实现有效管理从事的例行性具体工作，包括制订全年市场工作方案、管理例行性信息收集系统、协同研发新服务项目、建立会员制度等工作。

a. 制订全年工作方案。

每年年底，加油站经营者要根据本年市场工作情况和下一年市场工作目标制订下一年全年的市场工作方案，指导加油站汽车服务店有序开展市场工作。

全年市场工作方案主要内容包括：确定总体目标和计划，确定全年的总体目标并分解到汽车服务店，提出全年市场工作的总体计划；确定市场宣传计划；确定全年促销活动安排及预算；确定促销活动组织分工、特定商务政策等项目。

b. 建立例行性信息收集系统。

例行性信息收集系统是使经营者决策层获得关于营销环境发展的系统信息所建立的一整套程序。

加油站经营者收集信息主要通过以下渠道。

一是通过管理软件系统实时提供各单店的销售量、销售单价、服务种类、成本和盈利变化、存货、管理费用支出等信息，使营销总部可以有效掌握各店的运营情况，组织物流、实施成本控制、评估单店业绩。根据运营数据定期开展经营分析，提交经营分析报告。

二是自行收集信息。管理人员通过阅读专业报告，与顾客、内部人员、合作伙伴或其他外部人员交谈来收集信息。设置专人审阅重要出版物，包括竞争对手广告、重要行业信息等，摘录有关信息制成信息简报呈交加油站经营者。

三是依靠客服人员收集信息。客服人员直接面向企业最终用户，在工作中及时把了解到的顾客意见等有效信息直接输入管理软件系统，以备管理人员研究决策。

四是去竞争对手的加油站汽车服务店接受服务，以此来检验自己和竞争对手的服务水平及人员素质差异。

五是向专业咨询公司购买信息。

六是定期组织专人开展针对性的市场研究工作，如市场变化情况、自己和竞争对手的典型市场案例研究、政府新政策对市场的影响情况等内容，提交专题研究报告。

c.协同研发新服务项目。

在专业化基础上，发挥专业优势，开展多元化经营，是汽修经营的发展趋势。利用信息收集系统和市场调研工具，充分了解顾客的其他需求。协同技术和培训部门研究开发新服务项目的可行性；协同技术部门开展新车型技术研究，了解技术变化带来的潜在需求；组织专人定期了解汽保设备市场动向，参加汽保设备展销会，掌握最新技术成果。

通过上述工作，在汽车保养专业领域稳健扩展服务范围，协同技术部门有计划地使用新技术（如汽车凹陷修复术、发动机可视清洗等），编制安全、可靠的服务和培训流程，稳步推广新服务项目，发掘新的业务增长点。

d.建立会员制度。

汽车保养市场进入门槛较低，竞争激烈。任何一个市场参与者都不可能通过设置较高的转换壁垒来达到维系顾客的目的，而只能通过实现较高的顾客满意度的方式来维系顾客，即采取顾客关系营销的战略。建立加油站汽车服务店会员制度是顾客关系营销战略的重要措施之一。

通过会员制度，与顾客建立更密切的联系，使加油站汽车服务店与顾客的关系从现有的负责型和能动型逐步向伙伴型转化，从而使竞争对手难以采用价格竞争等低层次竞争策略吸引到顾客。

加油站汽车服务店可以通过提供优惠的商务政策以及额外的增值服务（如免费救援、上门取车、积分回馈等）吸引老顾客和对汽服店有好感的新顾客成为汽服店会员，鼓励会员预存现金到会员卡，绑定会员消费渠道和提高会员重复购买频次。采用自主经营汽车服务业务的加油站，应将汽车服务会员卡应用范围扩大到加油站能提供的全部商品和服务（如加油站已有卡系统应集成汽车服务会员卡功能），除此之外，还应联合社会知名企业和组织发布联名卡，共享客户资源，扩大收入来源。

专栏4：日本日矿日石能源公司的会员卡

日本日矿日石能源公司发布两种会员卡，分别针对现金用户和银行卡用户，有效促进了加油站油品和汽车用品的销售。

1. ENEOS亿新能T-CARD

T-CARD原来是影碟出租卡，具有积分功能，拥有会员4000多万人。捷客斯公司与T卡公司达成协议，客户共享，扩大会员总量，互利共赢。合作后，捷客斯公司推出联名T卡，可以在日本全国T-CARD积分加盟店使用，根据消费金额积累相应积分。积分可在ENEOS亿新能加油站使用。日本使用现金加油的顾客约占45%，联名T卡很好地维系了这部分顾客并有效扩大了加油站的销售额。

2. 联名信用卡

日矿日石联名信用卡针对习惯使用银行卡付费的会员顾客，分为3种类型，分别是标准型、积分型和现金回存型。标准型信用卡没有年费，每升汽油优惠2日元；积分型信用卡年费1300日元，可以积分，比降价更有吸引力；现金回存型可以积分，根据现金回存额度有条件免除年费。

联名信用卡有效提高了加油站的效益，联名信用卡会员月均加油81升，是现金会员月均加油量的1.7倍；月均购买汽车用品额为842日元，是现金会员月均购买额的2.4倍。另外，加油站的效率也得到了明显提升，就人工服务加油站而言，相对于现金交易，使用信用卡缩短交易时间40秒，同时降低了现金交易出错的风险；自助加油站也因之减少了往自助找零设备中存入零钱的次数，减少了员工的工作量。

（2）市场促销。

市场促销是综合运用多种短期性刺激工具，以刺激顾客较为集中和快速地购买某一特定产品或者服务的市场行为。

促销可以吸引新的顾客和奖励忠诚的老顾客，提高偶然性消费用户的重复购买率。新顾客一般分为两类：一是同类服务中其他品牌的拥趸；二是同类服务中经常转换品牌的顾客。促销主要是吸引经常转换品牌的顾客，因为其他品牌的拥趸不会时常注意促销行动或者按照促销行动意图做出表示。经常转换品牌的顾客通常注重价值和实惠，部分还比较挑剔，因而促销行为未必能使之成为我们的忠实顾客。在服务相似度高的市场上（如汽车保养市场）使用促销手段，从短期看可以产生较好的促销效果，但几乎没有持久的效益。

研究表明，频繁、单纯的价格促销弊大于利，不仅无助于建立加油站汽车服务店高端的品牌形象，反而会使顾客认为其是一个廉价品牌，因而只在促销的时候到站接受服务。企业实例研究也表明，长远看来，单纯价格促销不能维持企业的销售收入水平。

综合上述分析可知，不能利用促销代替会员制度、顾客开发制度等长期性措施。利用促销在短期内聚集人气，通过服务过程拉近与顾客的距离，向其展现专业、令人放心的服务品质，从而提高老顾客的忠诚度，增加其他品牌拥趸转换品牌的可能性，同时征服经常转换品牌的顾客中对待服务比较挑剔的群体，才是对促销手段的合理运用。

加油站汽车服务业务管理部门负责制订市场促销规划、城市（或跨区）促销方案并具体实施及评估效果。

通常的促销时机如下。

○新店投入运行；

○新网络投入运行（在新城市开业）；

○新业务（新服务项目）推向市场；

○某项业务换季促销；

○重大节日（五一、十一、中秋节等实行免费检查和主题促销）；

○公司（单店、局域网络）成立纪念日；

○部分利润高、成本低的业务进行推广或上量促销；

○针对竞争对手的反应（跟进、回应、压制）；

○季节性促销（比如进入冬季前，进行冷却系统服务及玻璃水主题促销）等。

促销工作流程如下。

○发现问题或确立新目标，通过市场调研、内部报表审核等手段确定要解决的问题或者要达到的新目标；

　　○根据问题或者目标选择促销时机及主题；

　　○制订详细的市场促销方案；

　　○实施促销并收集信息；

　　○总结报告。

　　（3）市场宣传。

　　在加油站汽车服务店开业准备及实际运营的过程中，除了制定完善的服务项目流程及有吸引力的价格外，还需要通过市场宣传工作在企业和潜在的顾客群体之间建立起良好的沟通渠道，将企业的产品和服务信息以正面的形象传递给潜在顾客群体，以促使其前来体验消费或者重复消费。

　　a.市场宣传的内容。

　　市场宣传的内容是全方位的，包含企业的品牌形象、地理位置、产品及服务的特性、企业的商务政策（价格、会员制度、促销政策）、员工的操作服务能力等。通过市场宣传，让潜在消费群体对于企业有一个倾向性的认识，乐意到便利店进行体验消费；通过让消费群体感受服务和商务政策，促使其重复消费。

　　b.顾客心理分析。

　　西方学者研究的部分成果表明，潜在顾客在接受外界信息的时候，本能性地会有以下3种心理。

　　第一，选择性注意。据统计，人们平均每天受到1600条商业信息的轰炸，但受众只能对80条信息有意识，并仅对其中的12条信息有所反应。因此，宣传时必须突出能赢得潜在顾客高度注意力的信息。

　　第二，选择性曲解。研究表明，信息受众只想听到符合他们信念的事情，他们往往下意识地给信息加上原来没有的内容，同时并不注意原有信息的其他方面。因此，宣传的信息要简明、清楚、有趣，确保主要信息点能够有效传递给潜在顾客。

　　第三，选择性记忆。人们通常只能对他们得到的信息中的一小部分内容形成长期记忆。如果受众原先对某些信息持肯定态度，这些信息重复宣传时，就很有可能被受众所主动接受，并且能保持长期的记忆。如果受众对某些信息持反对态度，这些信息重复宣传时，很可能会被受众拒绝，这同样能保持长期的记忆。

从受众的心理出发，影响宣传有效性的常见情况是：宣传的信息与受众的意见或者倾向越一致，宣传效果越好；顾客的第一印象十分重要，因此在第一次宣传时，要协调好操作、服务、宣传等各岗位的工作，确保各岗位向外传递一致的信息；选择被受众认为有经验的、比较客观的、地位较高、关系较好的人员进行宣传，效果更佳，如熟人之间的口碑宣传、技师对顾客的技术讲解等。

c.市场宣传手段介绍。

市场宣传的方式多样，主要包括直接宣传、推销宣传、广告、公关等方式。上述宣传手段应结合使用，并在加油站汽车服务店市场开拓的不同时期选择不同的组合方式。

一是直接宣传。

使用邮寄、电话、电子信箱、短信、网站等方式直接与潜在顾客沟通或者在加油站内跟顾客直接沟通，宣传企业的相关信息。

共享客户资源，使用短信平台向加油站的客户群体发送宣传短信。短信内容要求简明、精练，最吸引人的信息点一定要在前30个字之内体现。

开业初期与知名汽车网站或者知名网站的汽车板块合作，推出宣传专辑（包括便利店简介、专业设备介绍、便利店形象及人员素质介绍、服务项目及对比价格介绍、长期商务政策等），效果较好。

二是推销宣传。

通过在加油站、居民社区或者周边地区设立宣传点，直接拜访集团用户或者准集团顾客（车友俱乐部、商场会员俱乐部、银行或者通讯公司的会员俱乐部），组织社区居民讲座、参与社区活动（提供奖品）等方式开展宣传，称为推销宣传。

推销宣传要求利用好加油站车辆聚集的优势，单独或者联合周边几个加油站向目标客户共同宣传汽车服务业务、商务政策等信息，根据加油站固定客户加油规律，持续宣传一个加油周期，确保最大限度覆盖目标客户群体。

在加油站竞争激烈的地区，汽车服务店开业初期，可以选定重点社区，通过物业或者居委会达成合作协议，争取在社区内部开展宣传的机会。开业半年到一年的时间内，持续采用定点发放宣传单，简单介绍加油站汽车服务店并邀请顾客到店进行体验的方式，每天分组面对面、有质量地发放20～50份宣传单，确保有效宣传。这是开业初期适用的低成本的有效宣传方式，三、四线城市效果更好。

开业之初，可以有针对性地走访重点集团顾客，与其车辆管理部门建立初步联系，邀请其到汽车服务体验消费。汽服店应着重筛选目标集团顾客中的私家车辆用户，提供优质服务和促销品，请其协助打开集团用户的突破口。

无论是在开业初期还是在稳定运营期间，都要与行动力较强的车友俱乐部或者目标企业的会员俱乐部逐步建立合作关系，通过提供优惠的产品和服务，如为车友俱乐部提供类似团购的优惠政策、为企业会员俱乐部提供会员政策组合，将信息传递给相关的潜在顾客。注意，必须有专人负责联络。

三是广告宣传。

广告宣传（不含宣传印刷品发放）主要包括电台、电视台、户外广告牌、加油站广告等方式。

在开业之初进行一次较为集中的广告宣传，宣传开业期间的优惠政策，吸引顾客到店体验。

在顾客积累到一定程度（如有1500名以上会员），具备一定的社会影响力后，可以针对性地开展短时间、高密度的促销广告宣传。一线城市宣传成本较高，且顾客已对广告产生免疫力，更要慎重使用广告宣传手段。

利用加油站连锁网络的优势，集中周边数个加油站的户外广告屏进行集中宣传。

四是公关宣传。

公关宣传的主要方式有组织开业仪式、报刊主题宣传、捐赠、参与社会公益活动等方式。

组织开业仪式，邀请当地政府、媒体、主要集团用户、车友会代表及社区居民代表参加，广泛宣传企业形象和开业期间的优惠政策（三、四线城市效果较好）。

在加油站汽车服务店服务质量稳定后，适时选择当地主要的大众媒体发表介绍文章，宣传其特色。

利用当地的社会关系，主动组织或者参与社会公益活动，如通过组织捐赠、参与义务植树、参与当地知名的社会活动等方式，保持与媒体的良好关系，进行企业形象宣传。

（4）市场调研。

市场调研是系统化设计、收集、分析和报告跟企业相关的特定市场状况有关的数据及发现的调查活动。市场调研具有非常强的目的性和针对性，是为了解决某一方面的问题而由企业主动发起的信息收集及分析活动。

对于加油站经营者而言，开展汽车服务业务涉及的市场调研活动主要分为3类，分别是选址调研、开业前市场调研以及其他专项调研。

选址调研主要是为了确定和分析区域经济环境、加油站周边的市场环境、顾客分布、客户需求、竞争强度，以此为依据进行加油站汽车服务业务规模及业务方向设定、经济性测算，最终为加油站经营者决策提供可行性建议。

除选址调研外，在汽车服务店开业前还要进行全面市场调研。目标是全面掌握加油站周边市场环境、顾客群体分布及特定消费需求、竞争对手状况等一手信息，为加油站经营者制定商务政策提供决策参考。其范围与选址调研基本一致，但是内容要求更加细致。对于竞争对手、集团顾客、居民小区要一一在电子地图上进行标注，对竞争对手全部进行实地调研，收集第一手资料，感受其服务水平和存在的问题。

日常工作中，为了解决经营中面临的特定问题，需要了解相关情况，进行其他专项调研，包含特定顾客群体调研、特定服务项目调研、价格综合调研等。

具体工作程序如下。

a. 确定调研目标。

开展市场调研前，提炼和分析需要解决的主要问题，并以此来确定具体的调研工作目标。

b. 制订调研计划。

在调研目标确定后，要制订有针对性的市场调研计划，以便指导调研执行工作。

调研计划应包含以下内容：

○调研目的简要阐述；

○调研总体安排——时间安排、人员分工、培训安排等；

○确定调研资料的来源；

○根据调研目标明确筛选出调研样本；

○明确调研的基本方法和接触方式，确定哪些结论可以通过二手资料研究得出，哪些结论必须通过实地调研得出；

○明确调研资料的形式，如对现场图像、录音的具体要求，应搜集的主要宣传品，需要购买的其他文件等；

○准备调研工具，如现场调研需要的相机、录音笔、摄像设备、调研车辆、调研表格等；

○制定调研预算；

○调研报告的提纲；

○调研过程控制措施和调研联系人；

○调研计划制订完成后，应根据调研工作的专业程度适时组织初次调研人员进行简单培训，针对实地调研成本较高的特点，还应组织调研人员编制重点调研对象的实地调研方案，并进行预先演练，以提高调研工作的质量。

c. 收集调研信息。

通过实地访问、电话访问、回收调查表等方式收集所需要的信息。

d. 分析调研信息。

对调研收集的数据使用归类分析，剔除错误、矛盾却又无法验证的信息。逐渐在实际工作中探索建立合乎企业经营实际的分析模型。

e. 编制调研报告。

对调研信息经过分析后必须陈述调研部门对相关问题的研究结论。仅仅罗列数据而不提出结论的调研是没有意义的。调研人员尤其应该提出企业决策层进行主要营销决策需要参照的调查结果。

按照事先确定的报告提纲编制调研报告，简要说明调研过程，详细陈述调研的具体内容，包括市场情况、数据分析结果以及相关调研结论。确定调研报告是否有价值，主要看其能否有效减少企业决策时考虑的不确定因素，对企业决策层最关心的问题提出解决方案。

注：除基础性调研工作外，凡是涉及服务项目增减或者价格变更者，应开展针对性市场调研，为决策提供依据。

5）加油站汽车服务业务品牌发展

品牌包含两个层次的含义：一是指产品的名称、术语、标记、符号、设计等方面的组合体；二是代表有关产品的一系列附加值，包含功能和心理两方面的利益点，如产品所能代表的效用、功能、品位、形式、价格、便利、服务等。

从品牌蕴含的意义来看，采用何种品牌策略在很大程度上反映了企业对某类业务的定位。目前加油站经营者开展汽车服务业务，通常采用以下两种品牌策略。

一是自主品牌策略，主要形式有两种，使用现有品牌进入新业务或者注册新的品牌开展新业务。品牌所代表的意义来源于物质载体（产品或服务），在一定程度上，品牌指向都是特定的。即使现有品牌已经具备广泛的知名度，也只是在特定领域对消费者有效（除非少数众所周知的驰名商标）。因此，使用现有品牌并不能自然将其消费者认知转移到新业务上去，充其量只是知名度起步较高，美誉度、忠诚度都需要在后续的经营中逐渐塑造。由于品牌转化具有一定的风险及不确定性，同一品牌代表的业务领域也不是越多越好，否则某一业务的倾覆有可能连带导致所有业务的倾覆。同时，若同一品牌包含过多业务的内涵，反而可能使消费者搞不清楚品牌的核心价值所在，进而对核心价值造成损害。目前多数连锁加油站经营者采用设立新品牌来开展汽车服务业务，如日本日矿日石公司使用"Dr.Drive"（汽车医生）品牌，中国石油使用"咔咔carCare"品牌，美孚公司使用"美孚1号车养护"，道达尔公司使用"快驰工坊"品牌等，通过一系列的经营和推广活动，使消费者了解并接受新的品牌，赋予品牌特有的价值。

　　二是借用品牌策略，通过特许经营、合作经营、租赁经营开展新业务。由于品牌不归属自己，经营权也不一定属于自己，着眼点在于盘活现有资产和获得短期收益，通常为实力弱小或者无意在某项业务上投入过多精力的加油站经营者所采用。

　　品牌的设计原则一般是造型美观，构思新颖；展现企业、产品或服务特色；简单明显；符合传统文化，为公众喜闻乐见。

专栏5：中国石油汽车服务品牌咔咔

（右图）采用图案、中文、英文组合形式，点、线、面布局坚实有力，整体图案传递信息明确，流畅且富有动感。

　　主题颜色使用红色、黄色、白色。红、黄取自中国石油的主色调，与中国石油的品牌色彩、内涵一致。白色寓意着纯洁、纯净及公平，蕴含着中国石油非油品业务的延伸。

　　Car是汽车，Care是关心、照顾，极富亲和力，意为关心您的爱车，照顾您的爱车。

咔咔是"carCare"的英文音译，读来朗朗上口，简练精致，立意为干净、快速、完美。在中国石油庄重大气的品牌下，营造了一个轻松、新颖、有跃动感、都市化的鲜明形象。

简洁的线条勾画出逼真的汽车形象，清晰地表明了汽车服务的行业属性。星光图案代表了干净、整洁，也意味着梦想与希望。动感的车辆和星光传达了消费者驾驶干净、整洁、明亮的爱车，开始了充满希望和梦想的一天的寓意。这同时也预示着中国石油的汽车服务业将在行业内快速跃动，时刻占有先机，成长为耀眼的明星。

5.2.5 加油站汽服项目后评价

1）总论

（1）项目概况。简要说明汽服项目的建设地点，管理责任、项目投资类型，位置类型及特征（表5-11）。

表5-11 加油站汽服项目后评价基本情况明细表

序号	项目名称	地理位置	投运时间	投资性质	位置类型	可研投资	当年投资	实际决算	可研汽服营业收入	汽服实际营业收入
1						万元	万元	万元	万元	万元
2										
3										

说明：

1. 可研投资应为批复的可研投资即投资计划下达的投资。
2. 是当年投资指跨年建设项目的第一年投资。
3. 是汽服实际营业收入指项目投运至后评价时各年平均营业收入。

a.汽服项目的建设地点：××省××市（县）××加油站。

b.汽服项目的管理归属：××省××地区××公司。

c.汽服项目的投资类型：新建、收购、改扩建、控股及资产型租赁。

d.汽服项目的位置类型：A类、B类、C类。

e.汽服项目的特征：独立建设、与站房合建、主要设备选型（国产、进口；高、中档）。

（2）项目实施进度。简要描述汽服店项目实施过程中重要环节的进度、承担单位以及需要强调的内容。

a.项目立项时间。

b.可行性研究报告开始及批复时间。

c.初步设计开始及批复时间。

d.施工图设计开始及完成时间。

e.工程建设开工及竣工验收时间，编制施工进度表。

f.试营业和正式营业时间。

（3）总体评价结论

通过对汽服项目前期准备、建设实施、日常运营、经济效益等进行评价，说明汽服项目预期目标的实现程度，并对实施效果给出客观评价。

2）前期工作评价

（1）项目可行性研究报告评价。

a.编制单位选取及资质评价。

简述选择汽服项目可行性研究报告编制单位的方式和资质。

b.项目基础资料及相关工作评价。

汽服项目可行性研究报告编制的主要依据包括地质勘查、周边环境、所处城市的经济发展、城市规划、汽服市场调查、汽服店主要竞争情况等基础资料。对照项目的实际情况，评价可行性研究报告所依据的基础资料及分析是否齐全、翔实、客观，是否满足立项需要。

如有较大差异，应分析原因，评价其对项目实施效果产生的影响。

c.选址、建设规模等主要内容评价。

评价汽服项目可行性研究报告的内容和深度时，可重点对可行性研究报告的项目选址、汽服需求预测、建设规模定位等主要内容进行评价。

评价项目的选址和建设规模是否符合当地政府的城市发展、道路建设和规划，是否符合企业或个人的发展战略、目标、重点、投资策略和销售网络布局优化，是否与汽车服务项目市场需求和资源供给相适应。评价汽服项目需求预测、建设规模定位是否合理、科学，选取的各项参数及依据是否合理、充分。

汽服项目需求预测与可行性研究报告的需求预测相比是否变化，如有较大变化，应分析其前期工作阶段的影响因素，进而对项目的前期工作进行评价。

d. 方案设计的理念评价。

一是整站平面布置是否遵循以油为主、油非互动的设计原则。

二是汽服项目是否根据站型、站界、占地面积选择与站房分建或合建。

三是新建站是否合理规划站区土地，改造站是否充分利用现有站区空地，提高站区的土地综合利用率。

四是是否处理好汽服建筑物的布置形式与储罐区、加油区、站房等建、构筑物的相互关系。对改造站及扩建站，是否针对原站内的实际情况，使汽服与利旧部分有机结合。

五是汽服流程是否符合客户习惯。

六是汽服流程是否满足客户习惯的消费流程和汽服流程：行车路径短、行车路线顺畅、不交叉；加油、非油、汽车服务统筹兼顾、优化布置，各功能区利用率高。

e. 系统配套评价。

评价汽服项目平面布局和土地利用的合理性，以及供电、监控、给排水、暖通、消防等配套工程是否满足汽服需要。

（2）前评估报告评价。

描述评估单位的基本情况，重点说明其资质情况。

对可行性研究报告的调研和论证是否有深度进行评价；对评估报告提及的问题和建议是否正确进行评价；对实现项目预期目标的影响力度进行评价；对评估报告的客观性、科学性、公正性进行评价。

（3）项目决策评价。

评价汽服项目的建设程序是否符合国家、企业有关建设项目管理审批的要求，是否建立和形成了对项目选址、汽服收入测算等关键环节的投资决策机制。

（4）前期工作评价。

通过对项目前期工作实施各环节（可行性研究、规模定位、方案设计等）、各方面主要工作的合规性、科学性、有效性的统计、归纳和分析评价，对项目前期工作的整体情况进行评价。

（5）建设实施评价。

主要是对新建、改扩建的汽服项目从施工图设计到竣工验收各阶段、各环节主要工作的评价。

新建和改扩建汽服项目建设实施评价。

一是施工图设计评价。

按照国家、地方及行业有关标准规范评价汽服项目施工图设计是否符合要求。

说明是否召开施工图评审会议，是否执行评审修改意见，是否存在重大设计质量问题；对设计变更进行情况说明，评价是否会因此造成经济损失；是否考虑了安全环保的要求。

二是工程管理评价。

说明采用的项目建设管理方式及运行情况；说明施工单位、监理单位的资质情况，评价两单位实施对工程进度、质量、投资和安全控制目标实现的作用；评价合同签订、合同履行及合同管理方面的实施情况。

三是招投标及采购工作评价。

简要说明施工图设计、施工、监理等单位选择方式，未采用招投标方式的应说明原因；简要说明主要设备及大宗材料的采购方式和采购合同的履行情况，及其对工程进度、质量和投资的影响，如有较大影响应分析原因。

四是施工准备评价。

评价项目施工准备的各项工作是否适应项目建设及施工需要。

五是工程进度评价。

评价工程进度控制目标的实现情况，如发生较大变化，应分析原因；评价建设工期目标确定的合理性。

六是工程质量评价。

简述工程建设质量控制措施和制度的执行情况，对是否实现控制目标进行评价。如发生较大问题，应分析原因。

七是HSE等专项评价。

评价项目实施过程中，对项目《环境影响评价报告》和《职业安全卫生预评价报告》等专项评价报告中提出的各项措施的落实情况，是否实现与主体工程"三同时"，说明是否及时通过专项验收。

八是工程竣工验收评价。

评价竣工验收的方式、程序是否符合国家和企业的有关规定；简要说明工程竣工验收报告的主要结论；说明竣工验收报告中问题的整改情况。

（6）前期工作和建设实施评价结论。

通过对项目建设实施各环节（工程管理、招投标及采购、施工准备、工程进度和质量、工程竣工验收等）、各方面主要工作的合规性、科学性、有效性的统计、归纳和分析评价、对建设实施期工作的整体评价。

3）生产运营评价

（1）管理机构设置、规章制度、经营策略评价。

a.要做到管理机构建立、岗位设置健全、岗位职责明晰、培训体系运行良好。

b.定置化管理、设备管理、库存管理、交接班管理、日常巡检、HSE管理、客户关系管理等各项规章制度健全、运行良好。

c.经营策略：对固定机构客户约定服务时间，避开高峰期；运营车辆客户等候服务耐性差，签订价格优惠低峰期服务合约。

（2）运营评价结论。

综合上述分析评价，对汽服项目的生产运营效果及对企业的贡献做出综合评价。

4）投资及财务效益评价

（1）工程投资分析。

将后评价年度的汽服项目的竣工决算与可行性研究报告投资估算进行比较，并计算差异。差异值超过10%及以上的，要分析具体原因。要从项目建设规模、工程量、设备材料价格、费用等方面进行对比分析，找出影响投资变动的根本原因。

（2）投资水平评价。

说明后评价年度汽服项目的投资水平，通过对投资水平的对比分析，评价汽服项目抽投资水平的合理性。

（3）资金使用情况评价。

重点从资金使用、财务付款、资金风险等方面进行评价，说明是否存在违规现象。

（4）财务效益评价。

a.总成本费用评价。简述各项成本费用估算参数的选取标准，估算总成本费用。

一是燃料与动力费用，根据实际发生的燃料与动力费用测算。

二是修理费用，可采用年维修费用占固定资产原值的比例估算。

三是工资及福利费用，根据实际正式员工、社会用工的数量，和人工费用水平计算。

四是其他营业费用，可按照其他营业费用参数进行测算。

五是其他管理费用，可按照人均其他管理费用进行测算。

b.销售收入评价。

说明计算期内各年汽服销售收入情况及年增长情况。

c.投资效益分析。

根据实际经营情况和有关预测数据编制后评价财务报表，以后评价财务现金流量表计算出资本金利润率、营业利润率等指标，最后得出投资效益状况。

（5）投资及经济效益评价结论。

综合评价项目在投资控制、投资水平和资金使用等方面的优劣程度，给出汽服项目的投资效益评价结论。

5）总体评价结论

（1）总体评价结论。

通过对项目前期工作、建设实施、生产运营、投资与财务效益等各部分结论进行归纳、总结，评价汽服项目的现状、可持续性以及对提高汽服网络布局的贡献，做出项目后评价的总体评价结论。

（2）主要经验和教训。

a. 主要经验。通过综合评价，对项目建设全过程的成功做法加以归纳总结，提炼出可供类似项目借鉴的经验。

b. 主要教训。通过综合评价，对项目建设全过程中出现的失误加以归纳总结，为类似项目提供引以为戒的教训。

（3）问题与建议。

提出影响项目达标、安全运行，影响其经济效益实现、可持续发展和竞争力提升的主要问题，并提出切实可行的改进建议。

经济效益评价表如下（表5-12，表5-13，表5-14）。

表5-12　总成本费用估算表（单位：万元）

序号	项目名称	合计	计算期					
			1	2	3	4	……	n
	生产负荷（%）							
1	营业费用							
1.1	外购燃料和动力费							
1.2	人员工资及福利费							
1.3	折旧费							
1.4	摊销费							
1.5	修理费							
1.6	租用费							
1.7	其他营业费用							
2	管理费用							
3	财务费用							
3.1	长期借款利息							
3.2	流动资金借款利息							
3.3	短期借款利息							
4	总成本费用合计							
4.1	可变成本							
4.2	固定成本							
5	经营成本							

表5-13 营业收入、营业税金及附加估算表（单位：万元）

序号	项目名称	合计	计算期					
			1	2	3	4	……	n
	生产负荷（%）							
1	营业收入							
1.1	洗车收入							
1.1.1	车辆							
1.1.2	价差							
1.2	保养收入							
1.2.1	车辆							
1.2.2	价差							
1.3	美容收入							
1.3.1	车辆							
1.3.2	价差							
1.4	卖场收入							
1.5	其他业务收入							
2	增值税							
2.1	进项税							
2.2	销项税							
3	营业税金及附加							
3.1	营业税							
3.2	城市维护建设税							
3.3	教育费附加							

表5-14　利润与利润分配表（单位：万元）

序号	项目名称	合计	计算期					
			1	2	3	4	……	n
	生产负荷（%）							
1	营业收入							
2	营业税金与附加							
3	总成本费用							
4	补贴收入							
5	利润总额							
6	弥补以前年度亏损							
7	应纳税所得额							
8	所得税							
9	净利润							
10	期初未分配利润							
11	可供分配的利润							
12	提取法定盈余公积金							
13	可供投资者分配的利润							
14	未分配利润							
15	息税前利润							
16	调整所得税							
17	息前税后利润							
18	息税折旧摊销前利润							
	计算指标							
	达产年项目资本金净利润率（%）							
	达产年营业利润率（%）							

5.3 加油站汽车服务业务运营风险与管控

加油站汽服店首先应遵循国家安全、环保、消防等相关管理规定，并且鉴于汽车服务业务的特殊性，应按照GB/T 13861-2009生产过程危险和有害因素分类与代码进行HSE风险识别评估，确保加油站汽车服务业务风险可识别、可防范、可控制。汽车服务业务识别与控制措施如下。

5.3.1 加油站汽车服务业务运营风险识别与控制措施

1）员工操作

员工在引导车辆、操作设备等过程中存在一定风险，如需要启动车辆的服务项目在启动车辆时必须确保车轮离地、挡位置于空挡或者驻车挡位置，必要时踩下刹车踏板，避免发生事故。举升机要严格按照操作规程作业。举升机举升后必须进行安全检查，升降过程中禁止进行车辆操作，必须待安全锁锁上后才能开始车辆作业。风险源识别和控制措施如下（表5-15）。

表5-15　员工操作风险与控制措施见表

项目	风险识别	风险控制措施
汽车服务	汽服员工未经过正规培训、临时顶岗或未按照操作服务规程作业，操作失误造成风险	加强员工培训及作业检查
	制度的不完善导致员工操作无章可依，随意操作带来潜在风险	完善相关规章制度。技术管理部门要完善车型数据库，避免一线员工无序操作

2）服务项目选择

服务项目选择应由汽车服务业务人员、加油站管理人员、业内维修专家进行全面评估，确保服务项目能够在加油站内安全开展。如钣金、喷漆项目不宜在城市加油站开展，在国道、郊区加油站开展此项业务时，必须预留足够的安全距离，禁止在加油站加油现场进行试车作业。风险识别和控制措施如下（表5-16）。

表5-16 服务项目选择风险与控制措施表

项 目	风险识别	风险控制措施
汽车服务	操作过程中有可能产生电火花（明火）的服务项目，如快速充电、轮胎充氮气（充气）、燃油系统免拆清洗（不按规定操作会出现明火）等项目；使用热风枪（热风机）、硫化机等有灼热表面设备的服务项目	建议在安全距离足够的汽服店内开展
	部分试车的项目可能给加油站带来潜在风险	加油站内严禁试车

3）设备管理

加油站汽服店空气压缩机、压缩空气管路、高压油液管路及举升机等设备必须按照设备使用说明进行定期检查和维护，确保设备使用安全，运转正常。风险识别和控制措施如下（表5-17）。

表5-17 设备风险与控制措施表

项 目	风险识别	风险控制措施
汽车服务	设备或者车辆操作不当导致的风险。如举升设备操作不当、引导车辆不当带来风险	做好员工培训和作业检查工作，督促员工严格按照操作规程作业
	设备故障导致的风险。如设备选型不当，使用中故障频发，损害客户车辆及人身安全；未按时保养、维护设备，未按照规定巡检汽服店，不能及时处理安全隐患	做好设备选型、设备保养维护、汽服店安全巡检工作

4）员工健康

员工是企业的财富，企业的首要责任和义务是关心关爱员工的人身安全和健康。企业要重点关注员工的工作和生活状态，为员工提供必要的安全防护装备，如安全帽、护目镜、手部防护装备（隔温手套、换油使用的棉质手套、接触化学物品和腐蚀性物质时使用的橡胶手套、保护手和前臂局部的防灼伤袖套）、防滑鞋、操作工服（须具有防静电、防刮功能）等。风险识别和控制措施如下（表5-18）。

表5-18 员工健康风险与控制措施表

项目	风险识别	风险控制措施
汽车服务	员工工作过程中可能受到工具、设备及维修过程产生的废物的伤害	使用员工安全防护装备，保护员工健康，规范维修过程产生的废物的存放空间，定期处理等
	员工过度劳累影响身体健康	定期检查员工身体，合理安排劳动时间，并建立员工职业健康档案

5）环境

（1）污染物排放。

a.使用非环保化学剂（无MSDS[①]无害标识的化学剂）的洗车废水必须经过水封井处理，不能直接排入城市管网。使用环保化学剂的可排入市政下水。

b.汽车保养过程中要严格遵守《废矿物油回收利用污染控制技术规范》，对属于《国家危险废物名录》废矿物油类别的废旧机油进行处理。储存在专用油桶内，明显标识，密闭保存，定期由环保部门指定的回收企业处理。

c.要严格遵守《废铅酸蓄电池处理污染控制技术规范》的要求，对属于《国家危险废物名录》含铅废物类别的废旧蓄电池进行处理。

d.对属于《国家危险废物名录》废乳化液类别的废旧防冻液，须储存在有明显标识的专用废液油桶内，密闭保存。

e.其他固体废物如含油抹布、废旧机滤、废旧汽滤、各种清洗剂的含油滤芯、废包装物等也必须按照环保部门要求，储存在固废垃圾箱内，设置标识，安全存放，不得与明渠、市政雨水管或污水管相连。

（2）噪音处理。

噪声超标可能导致汽服店无法通过环保审批，后续也可能遭到居民

———

①MSDS：化学安全技术说明书。

投诉、环保部门处罚。不应选用噪声大于90分贝的洗车设备。建设洗车房，洗车房10米外的噪声要控制在50分贝以下。汽车保养时，要控制噪声来源，例如空气压缩机、保养设备及气动工具等。为尽可能避免噪声对周边环境造成影响，应选择低噪音设备及工具，封闭空气压缩机房，尽量少用气枪。风险识别和控制措施如下（表5-19）。

表5-19　环境风险与控制措施表

项目	风险识别	风险控制措施
洗车	洗车废水及固废排放	采用环保认证的洗车化学品，固体废物按城市固废要求处理
	噪声危害	选用低噪声设备，隔离噪声源
汽车维修	废旧机油：收录在《国家危险废物名录》废矿物油类别中	储存在专用废机油桶内，明显标识，密闭保存。定期出售给环保部门指定企业进行处理
	废旧蓄电池：收录在《国家危险废物名录》中含铅废物类别中	定期出售给环保部门指定企业进行处理
	废旧防冻液：收录在《国家危险废物名录》废乳化液类别中	储存在专用废液油桶内，明显标识，密闭保存。付费给环保部门指定企业进行处理
	其他固体废物如含油抹布、废旧机滤、废旧汽滤、各种清洗剂的含油滤芯、废包装桶、沾有清洗剂的废旧清洗机管路也必须按照环保部门的要求进行处理	储存在危险固废垃圾箱内，明显标识。付费给环保部门指定企业进行处理
	空调制冷剂对大气的危害	采用环保设备，回收利用制冷剂
	汽车尾气中含有多种有毒有害气体	工作区应有较好的通风条件，防止尾气中毒。北方地区汽服店应设置抽排装置对汽车尾气进行有效处理
	噪声超标可能导致汽服店无法通过环评、环保审批环节，后续控制不力也会导致居民投诉、环保部门处罚的风险	选配噪音低的设备；用独立的房间隔离噪音高的设备

6）消防

加油站汽服店在设计、建设、运营阶段都必须严格遵守《消防法》《汽车加油加气站设计与施工规范》等相关要求，预防为主，排除隐患，防止发生消防事故。风险识别和控制措施如下（表5-20）。

表5-20　消防风险与控制措施表

项目	风险识别	风险控制措施
汽车服务	设计、建设、运营过程中考虑不周、操作不当会产生火灾危险	遵守《消防法》《汽车加油加气站设计与施工规范》相关规定，预防为主，排除隐患，防止发生消防事故

7）政策

国家及地方政府的管理政策直接影响汽车服务业务开展方式，如水资源保护区域不得开展洗车业务等。风险识别和控制措施如下（表5-21）。

表5-21　政策风险与控制措施表

项目	风险识别	风险控制措施
汽车服务	洗车项目用水量审批严格或者用水价格不断提高	采用高标准洗车设备，设置水循环系统，循环水利用率85%以上
	国家提高汽车保养项目的环保或技术控制标准	遵循国家标准，提升技术水平

5.3.2　加油站汽车服务运营应急预案

加油站有完备的应急预案，此处仅针对汽车服务业务列出部分应急预案，经营者应根据情况随时编制和补充。

1）洗车业务应急预案

（1）停电停水导致停机。

a.关闭紧急开关。

b.在恢复通电前严禁操作洗车机。

c.将车辆移出洗车间。

d.向受到影响的顾客道歉，争取谅解，下次为顾客提供免费补偿服务。

e.记录发生的原因和处理经过。

（2）设备本身故障停机。

a.应立即关闭紧急开关，及时通知检修人员进行处理。

b.将车辆移出洗车间。

c.在检修人员未到达前严禁操作洗车机。

d.无法自行维修的故障，通知设备厂商前来处理。简单故障应立即进行检修，排除故障。

e.检修人员到达后对故障进行分析，及时处理，并向上级汇报。

f.处理完毕后，进行试机，确认设备运行正常后离开现场，记录故障发生的原因和处理经过。

g.向受到影响的顾客道歉，争取谅解，下次为顾客提供免费补偿服务。

（3）顾客车辆受到损害。

a.设备原因造成顾客车辆损坏，应立即关闭洗车机，通知店经理。

b.向顾客致歉并退还顾客洗车费用，由顾客和店经理书面确定车辆损坏情况，依法确定事故责任，由责任方向顾客做出赔偿。

c.事后对事故原因进行详细调查，提出改进意见，并向上级汇报。

d.记录事故发生的原因和处理经过。

（4）顾客车辆损害洗车设备。

a.洗车时，因顾客不当操作损伤、损坏洗车设备的，应立即关闭洗车机，通知店经理。

b.由顾客和加油店经理、当班洗车员书面确定损坏情况，登记顾客车辆牌号。

c.依法确定事故责任，由责任方做出赔偿。

d.事后对事故原因进行详细调查，提出改进意见，并向上级汇报。

2）跑冒油

（1）加注油枪失灵导致跑冒油。

a.立即关闭油枪、油泵、相关压缩空气管路。在设备未修复前禁止使用。

b.用不能产生静电的棉纱、毛巾或拖把对现场已跑冒的油品进行回收，回收后的油品按照公司有关规定处理。

c.地面上难以回收的油品应用沙土覆盖，待残油充分吸收后清除沙土。

d.禁止立即启动车辆。检测是否多加注油液，如多加则使用专业设备抽出。

e.如跑冒油数量较多，应立即封锁现场，然后按上述步骤处理。

（2）员工误操作导致跑冒油。

a.立即关闭油枪。

b.用不能产生静电的棉纱、毛巾或拖把对现场已跑冒的油品进行回收，回收后的油品按照公司有关规定处理。

c.使用干净的毛巾清除车辆发动机舱、车身等部位的残油。

d.禁止立即启动车辆。检测是否多加注油液，如多加则使用专业设备抽出。

e.如跑冒油数量较多，应立即封锁现场，并按上述步骤处理。

f.责任人承担由此造成的一切费用，并按有关规定进行处理。

（3）加错油液。

a.操作工发现加错油液时，应立即停止加注，向客服人员说明情况。客服人员确认油液是否适合顾客车辆，分以下两种情况进行处理。

第一，已加注油液级别优于拟加注的油液级别的情形。客服人员带领责任技工向顾客赔礼道歉，征求顾客意见，是否愿意按照高级别油液付费。如顾客同意，向顾客表示感谢，同时重新开具单据；如顾客不同意，重新开具单据，按照原单据金额收取顾客费用，差额部分由责任人负责赔偿。

第二，已加注油液级别低于拟加注油液级别及已加注油液种类错误的情形。完全放出已加注的油液，视情况进行系统清洗，为顾客加注正确级别的油液。若加错了油品，必须首先向顾客赔礼道歉。客服人员报告店经理，根据实际情况协商赔偿顾客经济损失，礼貌送客。

b. 责任人承担由此造成的一切费用，同时按有关规定进行处理。

c. 店经理负责将处理结果上报上级公司审查。

d. 如车辆启动或离开加油站后，顾客发现加错油液进行投诉时，按照加油站投诉处理相关规定处理。

（4）加注枪乱码。

a. 加注过程中，若加注枪出现乱码，操作工应按照经验边查边加，确保油液适量。

b. 加注完毕后，参照此车型平均加注量填写单据加注数量，并在相关单据的留存联注明该数值是因加注枪乱码而估算的数值。

c. 加注完毕后，立即停用该设备，并向店经理报告。

d. 按照规定程序维修加注枪。

5.4　加油站汽车服务业务的竞争与合作

5.4.1　加油站汽车服务业务与同行业其他业态的比较

我国汽车服务行业竞争激烈，汽车制造商、轮胎及汽车配件制造商、汽车养护连锁企业等都参与其中。从目标顾客来看，加油站汽服店的主要竞争对手是4S店、汽修厂、区域汽服连锁企业等。特别是在一些大中型城市，消费者更加理性，对汽车服务的要求是专业、经济、快速、便捷、高效。

1）加油站汽服店较同行业其他业态的优势

（1）形象统一，强大品牌背书。

我国加油站资源相对集中，汽服店是加油站的一个业务单元，以加油站品牌作为信誉保证，产品和服务更容易获得消费者的信赖。

（2）天然集客，顾客群体专一。

目前，选择到加油站消费的顾客主要是车辆驾驶员，消费群体属性相对集中、单一，由于加油业务，他们更容易将车辆与加油站进行关联。如果找到消费者感兴趣的点，通过巧妙的方式，更容易触发顾客在加油站接受汽车服务的行为。

（3）全方位、360度的"产品＋服务"。

从加油站业务的发展来看，加油站不再局限于给车辆加油，而是转为服务于车辆内的人。围绕人，加油站更具备提升顾客体验的条件。加油站汽服店能够提供轻松、舒适的消费环境，优质、精美的产品，贴心、周到的服务。

（4）"油非"一体化营销，手段更加丰富。

顾客消费体验，对加油站"油非"一体化运作提出了更高的要求。加油站更容易从视觉、听觉、嗅觉、触觉到感觉等多个角度营造营销氛围，更容易从单一满足顾客基本需求，到实现超越顾客认知和期望。

（5）区位优势集中，网络布局相对合理。

经过多年的发展，加油站网络布局已基本成型，覆盖了主要城市中心、社区、高速、物流集散中心、旅游景点、乡村，特定区域的优势相对集中，服务半径能够辐射到3公里以上，地理位置更加贴近消费市场。同时一定数量的加油站具备场地条件，可以建设汽服店，从而实现闲置场地的再利用。

2）加油站汽服店较同行业其他业态的劣势

（1）缺少汽车服务行业成熟的管理经验。

之前，加油站专注于油品零售批发和便利店业务，在汽车服务业务上的尝试和探索相对较乏，具有管理经验的人才和具备专业技能的员工相对缺乏，汽车维修技术数据库、管理信息系统等运营管理体系都有待建立，管理制度有待实践。

（2）车主在加油站接受汽车服务的消费习惯还有待培养。

从目前利润结构来看，非油品业务利润已占到1/3以上。通过10年的消费习惯培养，车主到加油站不仅加油，也愿意购买与油品无关的商品。从非油零售业务的发展规律来看，汽车服务业务也需要一定时间来实现对顾客消费习惯的引导。

加油站汽服店与同行业其他业态的优劣势对比如下（表5-22）。

表5-22 加油站汽服店与竞争对手的优劣势分析

主体	业务范围	业务模式	竞争优势	竞争劣势
加油站汽服店	洗车、汽车快保快修、汽车、零配件及用品销售等	自营、出租、加盟	形象统一，强大品牌背书；天然集客，顾客群体专一；能够提供全方位360度"产品+服务"；"油非"一体化营销，手段更加丰富；区位优势集中，自有场地成本低	缺少汽车服务行业成熟的管理经验，人员、技术、管理等支持相对缺少；车主消费习惯还有待培养
4S店	整车销售、汽车维修全系列项目	车企主导的特许经营模式	顾客群庞大、质保期内忠诚度相对较高；在特定车系专业技术相对较高；车企支持	店面运营成本高；出保后客户流失率高；位置偏；费用过高
区域汽服连锁企业	轮胎、洗车、美容、快保、汽车用品销售、改装等	自营、特许加盟	位置较好；服务相对较好；价格较低；网络连锁优势	服务项目专业性相对较差、可替代性高；品牌难以迅速被认知；实力有限，难以迅速壮大
综合汽修厂	汽车维修全系列项目	自营	维修车型相对广泛；客源有保证；盈利手段灵活	客户依赖保险及重点集团；管理能力不足；在区域难以形成规模优势；技术支持一般
个体汽修店	单一车型的保养维修服务	自营	开店成本低；价格低	配件质量和服务水平参差不齐；服务环境相对较差；技术力量一般；管理能力不足；客源不稳定

5.4.2　加油站汽车服务业务合作策略分析

1）4S店

与加油站汽服店的顾客群存在差异，具有较高的合作价值。可在专业技术、客户资源共享等方面在本地进行合作共建。

2）区域汽服连锁企业

与加油站汽服店的目标顾客群相似度很高，存在竞争。在没有场地条件开展汽车服务的区域，可考虑与对方形成合作，充分发挥加油站客户资源优势，形成利益联合体，互利互惠。

3）综合维修厂

与加油站汽服店的维修保养客户存在一定重合，合作可能性相对较低。可在服务和产品、价格、促销手段等方面区别于对手，实现差异化竞争。

4）个体快修店

与加油站汽服店的目标顾客群体不同，竞争相对较低。可采取更优策略，利用项目标准化、程序化，形成优势。

加油站汽服店与其他业态的竞争与合作分析如下（表5-23）。

表5-23　加油站汽服店与其他业态的竞争与合作

竞争主体	竞争程度	合作可能
4S店	低	高
区域汽服连锁企业	中	中
综合维修厂	中	低
个体快修店	低	低

5.4.3　加油站汽车服务业务竞争措施探讨

从加油站开展汽车服务业务的优势来看，我们应从环境、价格、项目、服务4个方面塑造自己的特色。

1）环境特色

环境是汽车服务必须重视的一个外在因素，包括两个方面的含义：

一是店面装潢、色彩搭配等整体环境是否让顾客产生舒适放松的感受；二是地点环境，是否在消费者群体可承受距离范围内。

加油站汽服店可在外观上统一形象设计，在内部装潢上可根据服务区域，追求部分个性化、特色化主题装饰，如设置儿童主题、家乡主题等。

加油站汽服店位置选择，不仅要考虑场地具备建设条件、汽油销量高，更重要的是需评估消费群体、车辆交通流向、周边商业环境等因素。

2）价格特色

消费者追求的是高质量服务与低服务价格之间的平衡点，即"性价比最优"。随着竞争加剧，价格竞争无法避免。在提供优质服务的前提下，减少运营成本，留出合理利润空间，是加油站汽服店生存和发展的重要举措。这就要求加油站汽服店一方面通过上下游产业链一体化优势，挖掘车用润滑油、车辅等产品成本空间，通过战略合作降低零配件原材料采购成本，同时提高信息化水平，强化大数据运用，共享数据资源，提高运营效率；另一方面细分客户，分级提高服务内涵，对具有较强消费能力的客户群体加强服务。如此，可有效减轻价格竞争压力。

3）项目特色

特色源于创新。加油站汽服店应找到自身最擅长且其他业态所不具备的服务内容或质量保证。在汽车快保、美容等领域深入研究，以"您身边的汽车养护专家"为特色进行服务可能是特色项目的落脚点之一。

4）服务特色

汽车服务不同于商品销售，其本质是一种专业的技术服务。对于多数客户而言，他无法自行完成，必须借助技师的技术服务。汽服对象一般是非专业人士，无法实时甄别服务质量优劣，只能根据服务过程和服务效果判断。在同质化服务、同等价位的条件下，顾客会本能地选择信赖的强势品牌。因此，在服务上必须注重细节、体现专业，潜移默化中塑造优质的品牌形象。如在操作过程中，遵照操作规程、熟练作业、采用专业用语，向顾客传递专业信息；在服务过程中，服务热情、解说到位、场所整洁、回访及时，能够进一步强化顾客好感。服务的难点在于长期带给顾客一致性的感受，因此，如何长期保持并提升服务水平，是对加油站汽服店经营管理和执行能力的考验，也是对企业管理体系运作水平的检验。

第6章　加油站快餐业务

小吴把车开进加油站加油，突然想起早上匆匆出门还没来得及吃早餐，这时候肚子开始咕噜噜地提出抗议。去前面的早餐店要绕行一段路，而且早餐店前面没有停车位，上次随意停车还被罚了100元，想想还是放弃吧。这时候小吴的目光移向加油站的便利店："加油站便利店要是卖早餐就好了，加油的同时就能把早饭问题解决了……"

6.1　满足顾客的多样化需求

随着我国汽车保有量的急速增长，汽车时代已经来临，加油站单一的加油服务已经不能满足顾客的多样化需求。在加油的同时能够获得购物、修车、就餐、休闲等多功能、综合性、一体化的"人·车·生活"一站式服务，已成为顾客的迫切愿望。不过目前，国内加油站快餐业务还处于探索阶段，中国消费市场对快餐的独特需求也对加油站发展快餐业务提出了不同的要求。

6.1.1　加油站快餐业务市场需求

中国餐饮行业跌宕起伏，历经原材料上涨、人员短缺、食品安全事件等考验，但总体运行情况良好，市场稳步增长。中国餐饮业的黄金时期已经到来，并会以北上广等大城市和发达地区为中心，逐渐向全国蔓延开来，走向一个成熟的发展阶段。2014年我国住宿餐饮业营业额达到8150.6亿元，占社会消费品零售总额的3%，连锁餐饮市场规模达到1391亿元。数据表明，我国餐饮业保持着平稳快速增长的态势。

随着餐饮业务的发展，消费者需求正在悄然发生着变化，快捷性、便利性、个性化成为其发展趋势，正是这种变化，给快餐业带来了更广阔的市场。快餐业务是餐饮业的重要组成部分，其发展十分迅速。据初步测算，全国连锁餐饮企业便利店总数22494个，年营业额可达1391亿元，已占据餐饮市场17%份额，市场份额不断扩大。到目前为止，肯德基在中国的便利店已超过5000家，麦当劳也超过了2000家，西式快餐在中国快餐市场快速发展。尽管西式快餐日益受到欢迎，但中式快餐依旧是我国快餐业的主体。调查显示，中式快餐店占78.9%，而西式快餐店仅占21.1%。中式快餐以价格和口味等优势，占据大部分国内快餐市场份额。随着经济的不断发展和人民生活水平的不断提高，中国必将成为车轮上的国家，途中就餐和休息将会逐渐普及，因此加油站快餐业务将成为快餐业中的一匹黑马，不久的将来必将脱颖而出。

加油站快餐业务市场主要是针对进站加油、购物和5公里商圈范围内的市场消费群体，因此加油站快餐业务应当选择"在路途上的外带快餐"的市场定位，让加油站便利店快餐成为在路上的顾客购买和消费美味快餐的第一选择。

快餐市场的消费场所一般分为快餐餐厅市场和外带快餐市场。快餐餐厅市场（肯德基、麦当劳、吉野家、德克士、真功夫等）提供大量桌椅，供顾客坐下来享用；外带快餐市场（肯德基和麦当劳汽车穿梭店、赛百味等）则基本不提供座位，店的面积不大，顾客基本采取打包外带的形式，带到另外的场所享用。加油站快餐消费场所属于外带快餐市场。

1）外带快餐市场按消费场所划分

对于外带快餐市场按照消费场所划分可分为以下几类。

a.便利店系统。做得比较好的便利店如中国石油uSmile昆仑好客等。

b.汽车穿梭店。这是外带市场的最高版本，顾客甚至不需要离开汽车，点餐、交钱、享用快餐都发生在车内。但是这些店的店址往往设在餐饮不发达的地区，一般与加油业务结合在一起，面积要求比较大。

c.专门的小吃店。供应十几种套餐，没有堂吃的条件，只有几个座位供顾客等待时坐一会儿。例如赛百味汉堡店等。

d.专门的"宅送"店。这些店不需要多大的面积，店址坐落位置不重要，有的店坐落在写字楼的地下室，只有30平方米，例如必胜宅急送店等。

e.家庭外带市场。欧美和日本等发达国家，为了节省时间和精力，许多家庭开始采用打包的方式采购快餐产品和半成品，满足家庭晚餐及早餐的需要。

f.中小型团购的市场。经济便捷酒店、工地、中小型厂矿经营者、学校等没有厨房设施的企事业单位，也开始集团采购餐饮产品，满足快捷的餐饮需求。

2）外带快餐市场按地理位置划分

便利店系统外带快餐市场，按照地理位置划分又可以分为以下两类。

a.城市连锁便利店外带快餐市场。例如7-11、全家等，主要在城市办公楼、繁忙的商业中心、学校及医院等人流聚集的地方开店，主要目标人群是城市白领、学生、年轻一族顾客，以满足他们的午餐、茶歇时刻的餐饮需求为市场定位。还有一个显著的特点就是，顾客将快餐带回办公室或就近的固定场所享用。

b.加油站便利店外带快餐市场，主要以有车一族及车上乘客等流动的顾客为消费对象，与城市便利店最大的区别在于：消费者一般是在旅途上购买；消费者主要在路途上消费。

6.1.2　加油站快餐业务顾客需求画像

要了解加油站快餐的消费者，首先要对快餐业务市场进行细分。经营者通过市场考察调研，凭借顾客的需要、意愿、购买行为和购买习惯等方面的差异，把某一产品的市场整体划分为若干消费者群的市场分类过程即为市场细分。每一类顾客群就是一个细分市场，每一个细分市场都是具有类似需求倾向的顾客群体。

快餐顾客可以按照以下特征细分。

1）地理因素

按顾客所在的地理位置、地理环境等区域不同进行细分。因为处在不同地域环境下的顾客，对于加油站快餐业务会有不同的需要与偏好。

2）人口统计因素

按年龄阶段、性别、职业、收入、家庭人口、民族、宗教、国籍等变数，将顾客划分为不同的群体。

3）收入

收入的变化将直接影响顾客的需求和支出模式。根据平均收入水平的高低，可将顾客划分为高收入、中等收入、低收入3个群体。

4）民族

不同民族各有自己的风俗习惯、生活方式，从而呈现出各种不同的需求。

5）职业

不同职业的顾客，因为教育水平、生活方式和工作环境等不同，其消费理念、消费需求也存在很大的不同。按照从事职业的不同，加油站便利店的顾客一般可以分为个体经营者、私人运输户、城市白领、出租车司机、公务车司机、长途车司机等。

6）教育状况

顾客受教育程度直接影响着他们的生活方式、消费理念、价值观念等，进而影响他们的购买行为、购买习惯。

7）家庭人口

家庭人口数量不同，在对快餐产品的需求数量、包装大小等方面都会出现需求差异。

8）生活方式

顾客的生活、娱乐、消费等特定的生活方式，会对他们的快餐需求产生心理方面的差异。

9）性格

顾客的性格会影响对产品的喜爱。

10）购买动机

顾客需求商品的目的不同，据此可以确定目标市场。

11）购买时间

快餐消费具有很强的时间性，加油站可以根据顾客产生需要、购买或使用产品的时间进行市场细分。

12）购买数量

根据购买数量的不同，可将顾客分为个人用户、家庭用户和机构用户。

13）购买频率

根据购买频率，可将顾客分为经常购买、一般购买、不常购买（潜在购买者）。

有调查机构2008年11月对中国北京、山东、辽宁等12个省市的加油站进行调研，加油站的类型包括城市站、高速站和乡村站等，调查回收了5608份问卷，有效问卷5408份。受访者主要是个体经营者、私企和国企工作人员，高中同等学历以上的合计80%，其中高中占总被访人数的48%，本科及以上学历占31%。在总被访者中，男性受访者占64%；从年龄来看，以18~40岁顾客为主，占比总计达77%；从收入层面看，受访者收入以3000元以内为主，占63%。

受访者中，打算未来购买加油站快餐的男性占67.4%。打算购买的受访者中18~40岁的顾客占80%，其中31~40岁的顾客比例达到45%，其次是18~30岁的顾客，占35%，基本以年轻群体为主。另外，个体、私企和国企人员占七成；72%的受访者月收入水平高于2000元。

从消费特点来看，早餐消费金额以3~10元为主，平均客单价为6.5元；午餐花费以11~30元为主，平均客单价为20.7元。从服务时间来看，顾客希望更省时、更快捷，60%的受访者希望等候时间不超过5分钟。从购买频率来看，48%的顾客购买频率可达到2~3次/周。消费者购买快餐后以在车上吃为主，且通常选择独自享用。

总而言之，快餐消费特点有以下几个方面。

其一，打算在加油站购买快餐的顾客以男性为主，18~40岁的年轻顾客群体最多，个体户和私企职员为主导，月收入在2000元以上的顾客是主体。

其二，快餐消费形式以早午餐为主，消费金额以3～30元为主，其中早餐平均客单价为6.5元，午餐平均客单价为20.7元。

其三，用餐地点以外带食用为主，这是消费群体的特征决定的。

其四，产品以中式口味为主，包括饮品、快食、休闲小吃。

6.2 加油站快餐业务的产品

6.2.1 加油站快餐产品的选择

在加油站开展快餐服务，首先必须研究产品的选择。前面对加油站的快餐市场进行了分析，找出加油站快餐细分市场的特点，分析细分市场的顾客需求，这样才能找到适合的产品。美国加油站便利店协会和专业的餐饮调查机构钛克诺米克（Technomic）的顾客调查报告显示，在美国"在路上"成为购买快餐的最主要"时机"，占购买快餐"时机"的87%；"在路上"也成为快餐消费的主要场所，占总消费场所的52%（图6-1）。

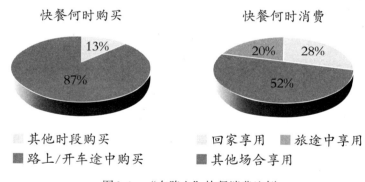

图6-1 "在路上"快餐消费比例

通过以上的市场细分因素分析和对快餐市场的细分研究，加油站便利店餐饮服务应当选择"在路途上的外带快餐"的定位，包括上班路上、出差路上、回家路上的顾客需求等。

1）加油站快餐产品定位

从调查来看，中国顾客偏爱中式餐饮品种。其中早餐以豆浆、牛奶、粥、包子、鸡蛋、油条等传统中国早餐食品为主，顾客最喜好的搭配是包子＋豆浆＋鸡蛋，其次是包子＋粥＋鸡蛋等；午餐倾向以中餐为主，选择比例达到85%，顾客最喜好的菜品有红烧排骨饭、鱼香肉丝饭、红烧牛肉饭等；面食选择比例最大的为肉夹馍，其次是杂粮馒头、花卷和白面馒头；小吃中选择比例最高是煮玉米、茶叶蛋、烤肠等。

饮品选择比例最大的有豆浆、奶茶、鲜榨果汁、咖啡和奶制饮品，其中顾客更倾向于甜味豆浆和冰豆浆，咖啡更倾向于黑咖啡，可能与开车提神有关。

我们在开发加油站便利店快餐业务时，对于高速公路服务区和跨省跨境的省、国道加油站的业务重点，应当与城区加油站便利店有所区别，特别是在业务品种的选择上，应当有所侧重。

综上所述，通过对市场细分和顾客需求特点的分析可以得出便利店快餐产品定位：作为乘客在路途上购买和享用快餐美食的选择，为在路途上的消费者提供快餐美食服务。这将使加油站便利店快餐与快餐餐厅、城市便利店快餐和其他快餐类型有效地区分开来，实现在顾客心目中的思维定位。

2）加油站快餐产品发展趋势

通过市场消费者细分，定位以男性为主的顾客，年龄为18～40岁，产品设计必须围绕这个目标顾客群体。通过对消费者快餐产品需求的分析，在产品上需要开发米饭类纯中式快餐、早餐、热饮、冷饮、冰饮以及休闲小吃等品类。应当重视早餐和饮品的研发。

表6-1　快餐消费者特征

消费者特征	
性别	打算未来购买加油站快餐的男性占67.4%，女性占32.6%
年龄	以年轻群体为主，18～40岁的客户比例达80%
职业	个体户、私企职员和国企等中产占87%以上
收入	月收入2000元以上的客户占70%
购买频率	每周2～3次的消费客户占85%
可忍受等待时间	80%的客户可忍受5分钟以上的服务时间

在加油站开展快餐业务，引进产品主要分为餐品和饮品两大类。餐品又分面食、饭食、糕点、小吃等中项分类，其中面食主要有包子（酱肉包、鲜肉包、素馅包等）、馒头（粗粮馒头、可可馒头、白面馒头等）、花卷（葱油花卷）、面条（拉面、手擀面、杂粮面等）；饭食主要有盖饭（鱼香肉丝盖饭、红烧排骨盖饭、西红柿鸡蛋盖饭等）、炒饭（蛋炒饭、酱油炒饭等）；糕点主要有芝士蛋糕、慕丝蛋糕等；小吃主要有茶叶蛋、煮玉米、烤肠、关东煮等。饮品又分热饮、冷饮、冰品等中项分类，其中热饮主要有奶茶、热牛奶、热豆浆、咖啡等；冷饮主要有可乐、雪碧、芬达、冰焦糖咖啡等；冷品主要有甜筒、冰沙、冰激凌等。

3）便利店快餐业务选择经营品类注意事项

首先是能够满足目标客户的日常所需。进入加油站的客户有三大需求，一是给车加油；二是休息一下，比如上洗手间；三是补充营养，填饱肚子，我们的餐饮商品一定要能够满足客户这种需求。

餐饮商品必须突出地方特色，保障便利店非油品业务发展的同时，不断研发新的品类，满足有车一族或者品牌追求者的需求。

餐饮产品在加工时，不可以有明火的操作，一律采用电气设备。

餐饮产品必须保证保质期和产品质量，要求相关的设备设施必须耐用、易保存。特别是受第三方物流配送限制，加油站便利店的位置一般分布比较分散，实现高频度的一日多配是加油站快餐发展的重要保障。

基于加油站便利店的各种因素，应当考虑人工和自助相结合的服务模式，而且不会影响到油品销售的发展。便利店的快餐要求快速、安全、营养、绿色、健康，必须严格挑选设备，规范制作流程。

6.2.2 加油站快餐产品的包装

在快餐销售环节，除了食品本身以外，最重要的环节就是食品包装。随着科技的不断进步，设计新颖、外观亮丽、安全实用、健康环保的食品包装制品越发受到顾客的青睐，新颖的设计、安全环保的理念不仅展示了包装实用功能，更能增强食品本身魅力。所以，经营者不仅要关注食品安全，更要对食品的包装安全加以重视。

1）加油站快餐产品包装分类

快餐店内使用的食品包装物主要分为两种：一种是纸品包装物，例如纸巾、纸杯、纸杯套、包装盒、包装纸等；另一种是塑料品包装物，例如胶杯、胶杯盖、吸管、封口膜和打包袋等。

（1）纸品包装物。即包装纸，一般具有高的强度和韧性，耐压、耐折。质量要求也根据包装纸的不同用途而不同，比如防油纸和非防油纸等。而用于食品包装的纸，则要求卫生、无菌、无污染、无杂质等。

（2）塑料品包装物。它是由化学原料制成或经过化学反应制成，制作过程中可能残留有各种聚合物单体，增塑剂和抗氧化防老化剂等，长期使用，有可能损害身体健康。目前，我国塑料食品包装材料的卫生标准包括两大类原材料卫生标准和成品卫生标准，并严格规定，不在此标准范围内的辅助材料不得用于食品包装材料。

2）加油站快餐包装要求

食品包装除了能够保障食品安全外，还要保障食品的色、香、味等感观质量。食品包装还对食品的配送、携带、促销等经营活动起到重要作用。因此，作为食品的包装，应该满足以下几个要求：

（1）强度要求。

食品包装需要具有一定的强度，在运输、流通、食用环节保证不会破损。

（2）安全卫生

食品的包装材料自身组织成分要稳定，必须保证使用过程中安全无毒和无挥发性物质产生；另外，在食品存储过程中包装材料不能与食品发生化学反应。

（3）耐温性要求。

食品加工过程中大都要经热处理，有的是包装后进行高温处理，要求食品的包装具有一定的耐温性。食品和加工工艺的不同对耐温性的要求也有所不同。

（4）安全性要求。

食品包装要便于打包操作、储存放置、搬运配送、陈列和购买，不能带有伤人的棱角或毛刺，尽量有专设的手提装置，以方便购买。

（5）促销性要求。

食品包装材料要具有易于生产、易于造型、易于着色、自重轻等特点，同时要美观，能够吸引顾客购买。

（6）便利性要求。

包装的便利包括使用便利、形态便利、场所便利、携带便利、计量便利、操作便利、选择便利等方面的要求。

3）加油站快餐包装注意事项

食品包装选择要注重发展循环经济，健康持续发展，在使用、流通和消费等过程中进行减量化、再利用、资源化，减少资源消耗和废物产生。加油站快餐食品包装的选择应注意以下几点。

（1）安全化。选择包装材料自身一定要安全，同时注重标识的重要性，正确指导顾客使用包装制品。

（2）透明化。食品包装尽量选用无色透明或半透明制品，既可以展示所包装的食品，又便于回收再利用，提高包装废弃后的价值。

（3）减量化。在满足顾客需求的前提下，尽量减少包装制品的使用量。

（4）资源化。选择使用可二次回收和利用的包装制品，同时设立回收机制，保障资源能够再利用。

（5）无害化。对于确难回收的废弃物进行无害化处理；鼓励使用更环保的可重复使用的布袋、纸袋等，减少浪费。

（6）产业化。把各种包装物纳入循环经济的链条中并进行产业化的回收利用，解决食品包装行业的持续发展问题。

6.3 加油站快餐业务的设备

餐饮服务的标准化，包括餐饮产品生产的标准化和店铺作业的标准化。店铺使用的加工工艺和加工设备，选择何种加工和展示的设备是产品标准化的另一个重要方面。

6.3.1 加油站快餐设备的分类

在便利店快餐业务中，归纳起来，经常需要使用到以下几类设备。

加热和保温设备（开水器、蒸柜、保温柜、烤箱、开口炸炉等）。

制冷设备（冷藏冰箱、冷冻冰箱、制冰机、蛋糕柜、冰沙机、冷藏汽水现调机等）。

加工设备（咖啡机、果汁机、烤肠机、肉夹馍机等）。

基础设备（净水器、增压泵、电压稳压器和灯箱等）。

6.3.2 加油站快餐设备的选择

在设备选择中，需要考虑以下因素。

实用性。能够简单的，就不要采用复杂的，需要重视实用性。

操作简单。考虑到加油站员工流动性大，餐饮服务技能缺乏，应当尽量选用一键操作的设备。

耐用、易保养。有些加油站地处边远，环境恶劣，设备故障后售后服务的压力很大，设备选型之前应当考虑稳定耐用的设备。

节能。节能减排是我们的目标，应当尽量选择节能的设备。

易清洁。例如设备采用不锈钢表面，就比铁的表面容易清洁。

快捷。一定要考虑设备的加工频率和负荷，应当预计设备能够满足短期高峰客流的需求。

易展示。展示和陈列就是为了扩大购买和销售。

在选择便利店餐饮设备时，除满足基本性能外，还需要对安全性、占地空间等综合考虑。

6.4 加油站快餐业务的经营管理

6.4.1 加油站快餐业务的经营策略

1）策略一：连锁经营，规模发展

加油站快餐业务只有连锁经营且具备一定规模后，才能具有成本优势、价格优势、服务优势、品牌优势，才能体现出企业的竞争能力。国家商务部建议发展加油站便利店连锁经营，不仅是企业提高效率、降低成本的经营方式，更重要的是能够帮助企业突破发展中的管理瓶颈。连锁经营有助于加油站快餐业务标准化发展，产品选择和研发可以具有地域特色，但是店面装修、操作流程、服务体系等应标准化开展。连锁经营、规模发展是加油站快餐品牌推广十分有效的手段，是快餐业务发展的趋势。

2）策略二：注重品牌建设

随着顾客对就餐环境、体验等方面的需求越来越高，对品牌的认知会更加重要。快餐零售市场的竞争非常激烈，竞争最后必将是归结于品牌之间的竞争，拥有良好的品牌形象至关重要，谁的品牌力更强，谁就能赢得更广阔的市场，品牌影响力成为餐饮企业逐鹿市场的利器。目前国内两大石油巨头：中国石油和国中石化还没有形成自己的快餐品牌，但在便利店装修中都设计了快餐区，并统一了形象设计、装修、设备设施和员工服装等内容，对快餐业务的操作规范、服务标准等内容已经形成相关规章制度。

3）策略三：灵活经营方式

连锁石油企业，在加油站经营快餐业务的时候可以灵活选择经营方式。一是创立快餐品牌，自主经营。前期投入人力、物力成本较大，但发展前景广阔。二是与知名快餐品牌联合，合作经营。可以用合作方快餐品牌或者双品牌，这种经营方式，能够利用已有快餐品牌知名度及管理经验，迅速打开加油站快餐业务市场。在加油站快餐业务开展初期，建议采用此种方法。三是出租经营，使用第三方品牌。这种经营方式好处是简单、方便，不需要承担太大风险，但是不利于长远发展及自身品牌宣传。

要用发展的眼光看待加油站快餐业务。加油站受到地理位置、车流量、商业环境和消费水平等诸多因素的影响，因此加油站快餐业务的规划设计应该因地制宜，量体裁衣。目前，具备快餐经营条件的加油站可以选择灵活的方式开展快餐业务，并向着标准化、品牌化、规模化发展；不具备开展快餐业务但具有潜力的，在便利店设计、装修阶段要预留快餐位置，方便以后快餐业务的开展。

6.4.2　加油站快餐业务的定价

影响产品价格制定的因素很多，经营者必须予以认真、充分的分析和研究，才有可能制定出有利于企业生存与发展的合适的餐饮产品价格。一般说来，影响餐饮产品定价的因素可分内部因素和外部因素两个大类。

1）影响餐饮产品定价的内部因素

内部因素是指经营者定价过程中能够自己控制的因素。如成本和费用、餐饮产品、原料档次、工艺、经营水平等因素为影响定价的内部因素。

（1）成本和费用。餐饮经营企业的最基本要求是赢利，只有当产品的价格高于其成本和费用的时候才有可能赢利，因此，影响餐饮产品定价的最基本因素是成本和费用。

（2）餐饮产品。企业定价的基础是产品，优质的产品能够吸引顾客前来购买。高档餐厅具有新设施、优质的服务、优美的环境等吸引人的特点，因而美誉度和知名度和都很高，此类餐饮企业的定价具有很大弹性空间，具备较强的竞争力，企业的经济效益也有较充分的保证，价格高且盈利大。

2）影响餐饮产品定价的外部因素

外部因素是指餐饮企业定价过程中无法控制，但对产品定价有较大影响的因素，如市场需求、行业竞争等。

（1）市场需求。餐饮企业实现收入的前提是必须满足市场需求。只有充分了解市场需求，产品定价才能满足经营者的预期目标。面对市场需求不稳定、复杂变化的市场形势，要加强对餐饮企业的市场调查研究，并进行常态化的销售分析，发现市场需求的变化动态及规律，采取相应的措施，以灵活的价格策略来留住顾客，吸引消费。

（2）行业竞争。档次相近或位置相邻的其他餐饮企业的价格对本餐饮企业价格的制定具有较大的影响和制约。如制定的价格高于竞争对手，不能吸引消费者，就会造成顾客流失；若价格低于竞争对手，有可能引发价格大战，造成企业利润流失。因此，竞争价格、竞争产品等因素对餐饮产品的定价产生较大的影响，餐饮企业在制定价格策略时，必须考虑到行业竞争的因素。

6.4.3 加油站快餐业务的营销手段

1）食品展示

食品展示就是通过视觉效应，刺激顾客的消费欲望，进而吸引顾客进餐厅就餐，并且刺激顾客追加消费。几种常用的方法如下。

（1）原料展示推销。将产品的原材料、生产工艺流程展示给顾客，顾客通过亲眼目睹原材料的新鲜和工艺的安全，从而对产品质量产生满意感。同时也要注意视觉和感官上的舒适性，否则会适得其反，例如带血的牛羊肉等。

（2）成品陈列推销。将外观精美的产品陈列在展示柜里进行成品展示。但并不是所有的产品都可以进行成品陈列，许多产品加工成熟以后放置会失去新鲜的颜色，这时候陈列会起到相反的作用。甜点陈列在玻璃冷柜中，推销效果较好。

（3）现点现烹展示推销。现场制作和加工，会使顾客产生兴趣，激发顾客品鉴的心理冲动。现场加工制作的快餐产品，放置时间短，制作过程中散发出来的香味和声音能够刺激顾客的食欲，激发购买欲望，例如煎饼果子、烤肠类食品易现场加工。另外，加工设备一定要清洁光亮。

（4）餐具和食品量感摆设推销。将餐具和食品大量进行配合摆设，可以拉动产品的销售。

2）店面广告宣传

餐饮产品销售需要借助媒体或平面广告形式进行宣传，通过宣传效应扩大影响，增加销售。一般来讲，餐饮店面推销广告内容和形式设计要突出餐厅的经营风格、产品的美味，并配以精美图片，增强餐厅的消费情调，塑造良好的餐厅形象。连锁快餐企业宣传形象要统一，例如采用同一句宣传口号，同一种字体，使用某一种特定的颜色，使广告内容突出，加深餐厅的形象，使人一看便想起要宣传的品牌。

餐厅有新产品推出时，仅在菜单上进行更新，往往销售效果并不好。究其原因是餐厅没有使用漂亮的图片，在明显的位置张贴广告进行宣传，使新产品凸显出来。餐厅推出新产品可印制大型的宣传海报，在店门口和点餐台位置进行张贴，用以招揽顾客。当餐厅提供价格折扣或各种赠品、优惠券进行促销活动时，要同时配合店面广告、条幅等宣传手段，才能吸引更多的顾客。

3）服务人员促销

快餐店工作人员应全员参与开口促销，营造全员销售氛围。员工的着装、服务和工作态度，都是对产品的无形推销。一般来讲，餐厅员工的形象由两部分塑成，即着装和外表。服务员清新的工作服不但会塑成良好的个人形象，而且还会强化餐厅的形象。所以服务员着装必须做到以下这几方面。

（1）员工着装清洁整齐。清洁整齐，反映出员工的精神面貌。

（2）强化形象。服务员的服装要能够强化餐厅的形象，如西式快餐店可选用简单、时尚的青年时装（T恤衫、牛仔裤）做工作服，中餐厅服务员可穿地域特色的服装，如旗袍等。

（3）服务人员着装的统一性。相同岗位人员着装要统一，整齐划一的着装能够体现餐厅的团队合作精神；但不同岗位人员工作服装应有差别，如餐厅领班、餐厅经理的服装应与服务员相区别。

（4）推销性。工作服可作为餐厅的宣传媒介，可以印上产品品牌或店名。同时要佩戴员工的工牌，工牌上印着员工的照片、姓名和编号，可以培养员工的责任心和荣誉感。

6.5 加油站快餐业务的安全管理

6.5.1 加油站快餐业务的食品安全操作

为了给顾客提供安全、卫生、健康的食品，应按照国家食品安全法律、法规和食品安全标准从事生产经营活动。经营者要对社会和消费者负责，保证食品安全，接受社会监督，承担社会责任。

（1）按照国家规定，制定严格食品安全标准，标准包括以下内容。

a. 食品、食品中的药物残留、致病性微生物、重金属、污染物质以及其他危害身体健康物质的限量规定。

b. 食品添加剂的品种及用量。

c. 与食品安全有关的质量要求。

d. 食品检验方法与规程。

e. 食品安全没有国家标准的，可以根据行业惯例，制定企业本身食品安全标准。

（2）在快餐经营中，应当遵守食品安全标准，且符合如下要求。

a. 具有符合设计要求的经营场所，保持经营场所的环境卫生，与有毒、有害污染源保持在规定的距离，如快餐操作间要与加油站罐区保持规定距离。

b. 具备相应的设备和设施，包括消毒设备，采光、照明、通风设施，防腐、防尘、防蝇、防鼠、防虫设施，洗涤及处理废水、存放垃圾和废弃物的设备或者设施等。

c. 配备专职食品安全员和业务管理员，建立规范的食品安全的规章制度。

d. 按照统一规范设计要求，合理安排设备布局和作业流程，与有毒物、不洁物进行隔离，防止食品污染。

e.使用一次性可回收餐具，保障餐具的干净卫生，并做好餐具的回收与循环利用。

f.贮存、运输食品的容器、工具和设备应当安全、卫生，杜绝食品与有毒、有害物质一同运输，防止食品污染。

g.食品操作人员应当注意个人卫生，应当保持手、指甲干净，穿戴清洁的工作衣、帽。

h.用水应当符合国家规定的生活饮用水卫生标准，饮料用的直接饮用水必须达到国家规定的标准。

i.操作使用的洗涤剂、消毒剂等产品，应当对人体无害。

6.5.2　加油站便利店快餐业务的风险控制

1）加油站便利店快餐食品安全风险

餐饮服务的风险控制，其中特别重要的就是食品安全风险。

加油站便利店餐饮企业通常采用统一的品牌、规范、配送、管理和服务标准，具有较高的食品安全管理水平，但往往经营便利店数量多、范围广、采购量大、供应链条长，如管理出现漏洞，容易发生重大风险。

加强食品安全管理，有利于推动依法诚信经营，提升科学管理水平；有利于树立品牌形象，促进企业的健康发展；有利于提高快餐服务食品安全水平，切实维护公众的健康权益。

开展快餐业务的便利店应当严格执行《食品安全法》《食品安全法实施条例》等国家法规的各项要求，认真履行食品安全主体责任。餐饮企业要对中央厨房、配送中心和经营便利店的食品安全进行监督、检查和指导。应重点做好以下工作。

（1）要强化食品安全管理体系建设。体系中要明确组织框架，建立涵盖原料采购、物流配送、操作流程、餐厨废弃物处理等食品安全管理体系。

（2）要强化原料采购统一管理。建立供应商准入，确定诚信可靠的原材料供应商，加强对食品原料的检验，确保食品相关产品来源可靠和安全。

（3）要强化操作过程标准化管理。应严格执行《餐饮服务食品安全操作规范》，建立统一的食品安全企业标准，不断提升食品安全管理水平。

（4）要强化配送统一管理，争取建立统一的中央厨房或配送中心。应加强对中央厨房或配送中心的过程管理，确保配送过程中的食品新鲜和安全。

（5）要强化中央厨房管理。建立与企业经营便利店数量相对应中央厨房，保障足够的加工经营场所面积、设备设施、人员配备，与产品的配送能力相匹配。

（6）要强化食品安全应急管理。建立食品安全事故处置方案，经营企业要定期检查各经营场所的食品安全防范措施的落实情况，及时消除发现的食品安全隐患。

（7）要强化从业人员培训教育。按照国家相关政策规定，加强对各岗位从业人员的食品安全知识培训。

2）加油站便利店快餐人力资源风险管理

加油站快餐店人力资源所凝聚的核心竞争力已经成为企业赢得竞争的关键因素，而餐饮行业人员之间流动的频繁性更加大了餐厅经营的风险性。目前我国的餐饮企业中还没有建立起有效的人力资源风险防范机制和防范体系，人力资源管理缺乏科学性和有效性，人才流失也十分严重。加强便利店快餐人力资源风险管理，要做好以下几点。

（1）树立人力资源风险管理意识，防患于未然，提前做好人力资源规划。

（2）加强员工安全健康管理。

（3）减少员工离职风险，要不断提高员工薪酬待遇和住宿条件，安定的生活条件和稳定增长的员工薪酬才能留住员工，防止员工流失。

（4）加强员工的招聘和使用，制定员工招聘的标准，不断提高管理人员的素质。

（5）人力成本是经营管理的基本成本，可以通过严格的监督管理机制进行控制，保障人力成本降低。

第7章　加油站广告业务

加油站作为车辆补充燃料的必要场所，每日都会触及大量高端客户。加油站的加油机罩栅立柱以及便利店内的收银台等空闲位置具有很高的商业价值。在加油站开展广告业务具备坚实的市场基础和场地资源，也应是加油站行业应予以关注的创新业务。

7.1　加油站广告业务概述

7.1.1　加油站广告媒体

1）加油站广告媒体

加油站媒体广义上是指以电子化、数字化、网络化的商业终端为主要信息传输平台，以加油站司乘人员为主要受众人群，以广告主为主要顾客，为广告主营销自身产品或品牌宣传而进行的服务活动。加油站媒体主要分为多媒体和平面媒体，多媒体采用的是目前技术相对成熟的LED和LCD等终端设备，动态的画面和声音相结合的传播形态使它比其他媒体形式更容易被媒体受众所接受。平面媒体即常见的六面翻灯箱、墙体挂板等媒体形式。

在加油站这一特定环境中，加油站广告业务成为连接广告商品和受众的纽带。

加油站广告媒介的特点如下。

（1）加油站的广告效果体现在与目标群体零距离接触，与目标群体面对面互动，传播信息集中，无干扰的效果，消费者驻足时间保证了广告的成功到达率。

（2）加油站的广告受众人群明确、稳定，除驾驶人员外更可辐射到加油站周边的行人和附近的居民，目标人群高度集中了高消费力的公务类人群、高层次个体、客运及货运车人群。

（3）加油站媒体与传统媒体差异较大。加油站受众媒体消费方式的改变，是对传统媒体盈利模式的颠覆；数字技术的充分利用终结了传统的单向传播；三网合一后终端界面的功能快速改变，不再单纯依赖电视传播、电脑传播和手机传播方式。

2）加油站广告媒体特殊性及优势

（1）站点广告业务的消费群针对性强。

由于直投广告直接将广告信息传递给真正的受众，加油站便利店主要是面向有车一族加油消费的客户群体，具有很强的针对性和选择性。

（2）加油站广告效果持续时间长。

加油站广告可以反复进行广告信息更替和播放，且都是在相对短的周期完成的，这就留给投运公司更多的利润，也能更有效地利用加油站的广告空间，形成强强联合的品牌优势。

（3）具有较强的灵活性。

在加油站投运广告的广告商不仅可以根据自身具体情况来自由选择版面大小、样式及材质，而且还可以自由确定广告信息的长短、选择全色或单色等印刷形式。这期间只要做好站点沟通即可自由更换广告主题，形成多元销售模式。

（4）产生良好的广告效应。

由于加油站广告受众针对性强、区域范围明确，可以最大限度地使广告信息为消费群体所接受。媒体广告在加油站能产生较好的广告效应，大幅的广告空间和有利的地形优势，可以使广告业务持续发展。

（5）广告效果可测定。

广告发出之后，可以借助便利店对产品销售数量的增减变化情况进行统计，以此来了解广告信息传播之后产生的效果，能够准确有效地测定该段时间广告效果，以完成下一步广告业务投放计划。

（6）广告成本低。

加油站通过厂商赞助、厂商联合的形式进行宣传，能够极大地降低广告成本，这是加油站广告的一项突出特点。

（7）广告投放方式灵活。

加油站广告业务的运营可采取大幅宣传画张贴、广告牌位安置、加油员主动投放、便利店内营业员面向消费顾客直接赠阅，或者针对团购客户定向邮寄自取等多种方式，这是加油站便利店发放直投广告的又一大优势。

7.1.2　加油站广告受众

1）加油站广告受众特征

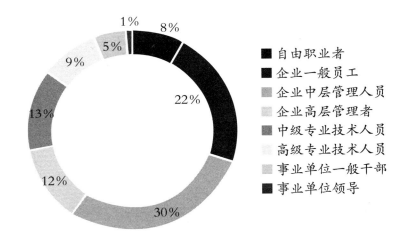

图7-1　关注受众—职业类型

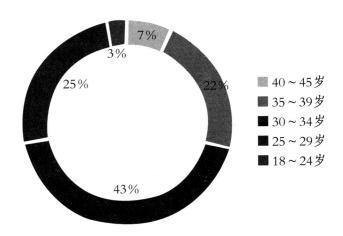

图7-2　关注受众—年龄结构

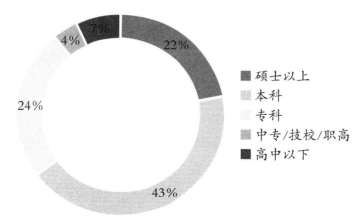

图7-3 关注受众—受教育程度

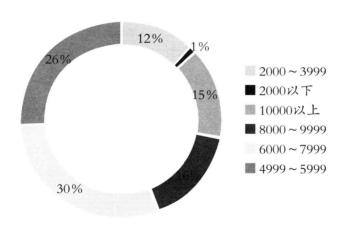

图7-4 关注受众—月收入水平

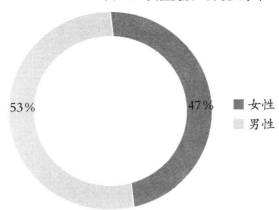

图7-5 关注受众—性别比例

从图7-1、图7-2、图7-3、图7-4、图7-5可以看出，受众人群大部分为企事业单位中高层管理者、骨干、专业技术人员等，年龄在30～45岁，绝大多数月收入在6000元以上，专科以上学历者占80%。他们是社会的精英阶层，接受过良好教育，收入相对稳定，易于接受新鲜事物，有超前的消费理念，消费思维活跃，是社会的主流消费群体，他们正是加油站媒体的主要目标顾客群体。

2）加油站广告受众需求

加油站受众主要是中国新贵族——强大的购买力量、社会精英阶层——主导着消费风尚、"3H"人群——崇尚高端品质消费。

目前一般会采用车主比较感兴趣的载体，如电影大片的预告片、汽车保养、娱乐内容混播信息以及新闻、体育、加油站促销信息等。

7.2 加油站开展广告业务的形式和效果

7.2.1 加油站广告展示形式

总体来说，加油站媒体是由多媒体和平面媒体组成的。具体来说，加油站广告媒体形式如LED视频播放器、LCD视频播放器、落地式六面翻灯箱、墙体看板、立柱看板、加油机龙门看板。

1）加油站多媒体

（1）LED大屏。

显著的位置，精美品质的图像，再加上声音的效果，对加油人群造成颇具震撼性的视听冲击，可以有效提高媒体到达率和广告关注度。

（2）LCD显示屏。

近距离接触进店购物或开发票消费者，使受众在有效停留时间和无干扰情况下接收信息，有效提高到达率和购买率。

2）加油站平面媒体

（1）墙体看板。

静态大画面，车主驾驶车辆减速进入加油站时首先映入眼帘，将有效提升顾客的品牌记忆度。

（2）立柱挂板。

位于加油机旁边，受众直接关注，而且站内媒体数量多，形成小范围广告轰炸，极易被受众记忆。

（3）落地六面翻。

画面冲击力强，高品质画面有效提升顾客的品牌价值，同时动静结合，吸引受众注意力，提高到达率，为顾客有效推广产品、品牌提供良好的平台。

（4）龙门机看板。

主要设置于加油机龙门，加油顾客可近距离关注。

7.2.2　加油站广告业务效果

1）加油站广告传播价值

（1）更好地促进非油品业务的发展。

加油站广告业务本身能够给非油品业务带来不菲的利润，同时提升顾客对加油站品牌的认知度，更好地促进非油业务的发展。

a. 对加油站的意义。

对于加油站经营者来说，打造了一个集新闻资讯、综艺节目、路况与气象信息、品牌广告宣传等内容为一体的综合性信息传播平台。

提升加油站便利店形象，吸引消费者，为打造全新业态的零售行业提供帮助。

b. 对供应商的意义。

对于供应商来说，为供应商提升品牌形象、传达商品信息、促进目标人群消费提供全面帮助。与供应商共同发展、共同进步，共同培育加油站渠道的零售市场。

同时，在广告主投放期间，其结果也是多方受益的。对加油站经营者来说，在加油站做一些比较大的抽奖活动，可提升车流量。对受众而言，一方面会得到奖品，另一方面也会知道娱乐的内容。对媒体运营商来说，获得了额外的广告收益，促进了加油站广告业务的发展。

（2）围绕顾客创造价值体验，影响3H人群（高学历、高消费、高收入人群）的消费习惯。

通过广告宣传的无形渗透，潜移默化地影响受众人群的思维方式，改变他们的消费习惯。然而，要培养顾客的忠诚度还远不止于此，还应打造一种标准化与个性化统一的服务体系，核心是为顾客创造最大的价值体验。

2）加油站广告内容的分类及优化组合

（1）整合营销。

整合站内促销广告与对外经营广告，加强深度合作，实现多媒体、平面媒体、线下活动的融合。

针对广告顾客的具体需求，提供合理化建议，将广告投放、公关活动和深度合作几大形式灵活结合，全方位策划，定制加油站渠道营销方案。

（2）整合营销的结果。

a.广告吸引。

让更多消费者真正了解加油站企业，让更多的人走进加油站的便利店。

b.活动加温。

主动了解消费者需求，完善自身服务，让更多的人认可加油站便利店。

c.促销获利。

与加油站各类服务项目进行捆绑式营销，不定期进行优惠促销，让更多的人喜欢上加油站便利店。

综上所述，整合营销的结果，就是销售额稳步上升，各商家纷纷受益。

7.3 加油站广告位的管理

7.3.1 加油站媒体点位选择与安装

加油站媒体安装点位的选择至关重要，将直接影响媒体广告的销售，因此制定本标准。本标准适用于加油站所有媒体形式的点位选择。

1）加油站站内媒体安装点位的选择

选择原则。

a.加油站可选点位共计5个（图7-6），分别为A、B、C、D、E，A点位为最优位置，依此类推。

b.符合媒体安装条件的加油站，最佳位置优先考虑安装LED。

c.加油站只有1个可选安装点位时，优先考虑LED。

d.LED与灯箱的位置选择尽量避免在同一方向。

e.LED的可视范围为7~25米，超过或低于此距离不可安装。

f.加油站最佳安装点位可安装LED，但此加油站不在第一批安装范围内时，灯箱安装点位不可选择此点位。

g.灯箱的可视范围最远距离不可超过15米，超过时则另选点位或放弃安装。

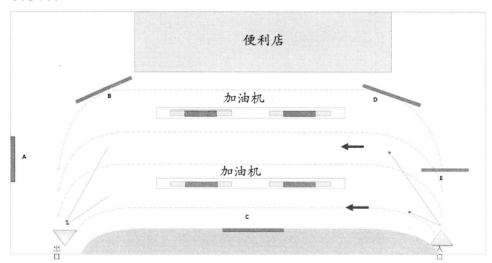

图7-6　加油站媒体位置俯瞰图

2）广告媒体点位的安装标准

（1）LED。

a.LED安装位置依此选择：加油车辆正前方（A、B、绿化带C）。

b.加油站只有1个可选安装点位时，优先考虑LED，其次为灯箱。

c.LED与灯箱的安装位置尽量避免在同一方向。

d.LED有效距离为7～25米，不在此范围的则放弃LED安装。

（2）六面翻灯箱。

a.六面翻灯箱的安装点位后于LED进行位置选择。

b.位置依此选择：加油车辆正前方（A、B、绿化带C）。灯箱有效距离15米。

c.最优位置在适合安装LED但是在规划中暂时先不安装的位置时，灯箱安装不可选此位置。

（3）墙体看板。

a.墙体看板安装点位，在LED和灯箱优先确定位置后选择适合位置。

b.墙体看板安装点位可选A点位和E点位。

c.在LED距离加油岛超过25米，正前方墙体适合安装看板时安装墙体看板。

7.3.2 加油站媒体的日常管控

1）常规巡检

常规巡检即定期对终端设备逐站巡视检查。

（1）常规巡检。每月两次，时间定为每月1～5日一次、15～20日一次，在巡检中发现故障及时报告。

（2）巡检内容。具体包括设备运行状况检查、设备完整状况检查、设备拍照、电表指数记录、巡检记录填写、设备清洁卫生。

设备运行状况检查：检查各设备运行指示灯显示是否正常、LED及LCD画面显示是否正常、音响工作是否正常、与加油站工作人员沟通确定LED及电脑定时开关机功能是否正常、电表读数是否正常、配电柜各开关是否正常。

设备完整状况检查：设备外观是否有损坏、设备表面油漆是否有脱落、LED表面是否有锈蚀、防撞柱是否紧固。

设备拍照：巡检时正常拍照包括距离LED5米拍摄LED全景照1张、距离LCD3米拍摄LCD全景照1张、配电柜门打开后配电柜内部全景照1张、电表读数特写1张（要求电表读数、编号清晰）、机柜门打开机柜内部全景照1张（要求电脑及LED控制盒运行指示灯清晰）；如有设备损坏，需在设备损坏部位拍不同角度的特写照片2张。

电表指数记录：记录电表所显示的计量数字。

巡检记录填写：按巡检记录所示详细填写，设备不能正常运行的详细注明原因（如加油站改造施工、LED坏点、LED缺色、音响失声、电脑不能正常工作等），每次巡检记录都要填写，站长不在时，代签人要签自己的名字并注明"代"字，运行维护人员要能够辨识签名。

设备清洁卫生：保证各设备整齐、表面清洁，箱（柜）内无尘土，不影响加油站整体形象。

（3）巡检反馈。每日巡检当天晚上必须将当日巡检照片及巡检记录的照片上传至指定的专用邮箱，并设置专用于运营和维修的联系方式。

2）故障维修及现场处理

（1）故障维修。当设备运行异常，应第一时间到达现场检测判断，最迟在24小时内确定解决方案。

同时对维修现场拍照记录，记录内容包括到达现场时的设备状况、故障现象、离开时处置的结果。

（2）非常规处理。在特殊情况下，需要处置终端设备时，按照要求时间到达现场，对设备处置记录并拍照。

（3）交通事故现场处理。当多媒体终端设备被车辆撞坏时，运行维修人员应第一时间到达现场处置，首先报案（先选择交警报案122），等待交警现场勘查后出具责任认定书，复印驾驶证、行驶证，记录驾驶人住址、电话号码，记录保险公司名称、工作人员姓名和电话号码等。

7.4 加油站广告业务的发展策略与方向

7.4.1 加油站广告业务的发展策略

一种是自主经营，连锁石油经营企业可以成立自己独立的广告招商部门，负责开展加油站广告业务的策划、实施、发布等工作。此类型经营方式的广告客户资源主要是自身品牌广告宣传及合作品牌（非油商品）广告发布。

二是将加油站广告位出租给综合型户外媒体公司。该类公司通常在市场中拥有强势地位，对媒体资源和客户资源有较强的控制，抗市场及政策冲击能力较强。同时，这些公司通常拥有完善的代理体系、丰富的行业经验、牢固的客户关系，有较强的创意和运营以及传播效果监测评估能力。通过这种方式引进社会知名品牌，强强联合进行整体规划设计，合理布局，利用双方品牌效应吸引消费者，有利于广告业务的做大做强。

无论哪种经营形式，经营者都要考虑到各地区经济发展存在的差距，发展广告业务要本着实事求是的原则，因地制宜、因站制宜，积极推进加油站媒体广告业务。在加油站开展广告业务应结合我国的国情及各地区市场情况有选择地开展，过程中应该遵循总部统筹、分地域实施的原则。广告业务开展初期以地域实施为主，总部统筹为辅；广告业务发展到成熟阶段，充分发挥加油站网络优势，可以逐步转变为总部统筹为主，地域实施为辅的策略。

加油站布局具有覆盖面广、连续密度大、受众强等特点，符合广告网发布特性。广告网络布局分布均匀，绵延千万里，让同一产品宣传在全国各地都出现。但是作为新兴媒体形式，需要很长的培育期。随着加油站广告推广力度的不断加大，客户的认可度不断提高，未来的加油站广告经营是值得期待的。

1）加油站媒体广告独特的资源优势

（1）全国一体化网络。

覆盖全国，是国内目前单屏数量最多、覆盖范围最广的媒体发布平台；媒体网点分布以重点城市核心商圈为主。

（2）播出技术领先。

加油站电视媒体播出全部采用卫星＋3G无线通信方式，不同于其他LED媒体常用的插卡方式，可实现定点投放、单屏控制、实时监控。

（3）形式多样，内容丰富。

节目内容涵盖新闻资讯、综艺节目等，进一步提升广告关注度和传播效率。播出内容丰富，让受众人群轻松度过无聊等候时间。

（4）受众精准且规模庞大。

加油站电视媒体精准锁定驾车人群，使顾客的广告投入获得高回报。

2）加油站广告媒体的核心价值

加油站媒体的核心价值有四大看点：规模化、垄断性、稀缺性、精确性。

（1）规模化。覆盖全国，由中心城市向二、三级市场下沉。

（2）垄断性。加油站人群和时间的独家占有。

（3）稀缺性。全国范围的独立性无干扰空间、精准锁定全国驾车族的高端新媒体。

（4）精确性。受众非常明确，全部为驾车族，3H人群（高学历、高消费、高收入）。

3）加油站广告载体

LED显示屏具有画面亮度高、对比度大、色彩鲜艳等特点，而且可显示动态画面和文字，它主动光发，远距离分辨率高，即使在百米以外，视觉效果也跟在家里看电视一样，在人流量多的公共场所、交通要道已经广泛应用。

其功能除户外广告宣传外，还可发布信息，丰富人们的文化娱乐生活，是观众喜爱的信息传播媒体，在我国北京、上海、重庆等大城市已推广应用，并收到了很好的效果。

7.4.2 加油站广告业务的发展方向

并不是说所有的广告客户都应该放弃传统的电视，而是说可以把新兴媒体作为一个补充的选择方案，尤其是面向有针对性的受众的时候。据加油站经营者保守估计，至少超过50%以上的受众是男性，同时以私家车主为主。如果想在电视上达到同样的传播效果，就得花3倍的钱。同时加油站媒体也更加专注对汽车拥有者和驾驶者的覆盖。调查显示，电视和户外广告对有车族的覆盖仅占12%，而对于加油站广告对有车族的覆盖是100%，没有浪费，所以非常适合与汽车相关产品的宣传。在加油站除了电视媒体，其他的媒体也会被接纳。像简单地利用设备外罩，就可以做一些贴纸。另外，在加油站可以做一些简单的服务，给广告客户提供一种相对完整的投放方案。

打造城市和户外传媒的多赢局面，不断开拓户外传播价值，加油站广告业务应坚持以下原则：以人为本（加油站媒体广告是做给人看的）、和谐户外、都市设计。

渠道媒体的标准化和智能化发展趋势，要求不断完善加油站媒体的功能——美化空间环境、增强人文趣味、提供公共便利。

第8章　高速公路服务区业务

　　经统计，截至2015年年底，中国高速公路总里程已达12.537万公里，高速公路通车总里程约为11.195万公里。随着中国高速公路建设的迅猛增长，建设高速公路服务区对区域经济及国土资源的开发利用有着非常重要的作用。这主要表现在发挥交通区域的优势，吸引大量新的资本并投放在其沿线，形成高速公路产业链，调整人口及产业的分布，提升高速公路所连接的中心城市、城市沿线主要城镇以及高速公路互通式立体交叉点连线的周边区域土地资源的利用强度及价值。我国高速公路服务区还处于发展初期，正逐渐走向成熟，现有高速公路服务区超过2000对。高速公路服务区运作模式、规划建设、业态特点、市场营销也逐步趋于规范化和专业化。开展高速公路服务区业务，能分散经营压力，提高盈利水平，降低运营风险，形成高速公路服务区最初的运营模式。经过半个多世纪的发展，高速公路服务区的建设、管理、运营已逐步完善，成为标准化、专业化、规范化的一个新兴商业平台。

8.1　高速公路服务区的顾客需求

8.1.1　高速公路服务区的顾客群体构成

　　不仅客户的期望值越来越高，客户的结构也在随之发生变化。由于车辆保有量的不断增加且车辆拥有者的群体趋于年轻化，其消费能力和消费结构也会发生变化。这些改变势必打破服务区原来设置的格局，高速公路服务区将由旅途的途经地变成临时的目的地。鉴于服务区的特殊性，服务区的客户构成主要有以下几种形式：

　　城际服务区，以私家车、物流运输和长途客运客户为主。

　　省际服务区，以私家车和物流运输客户为主。

　　机场服务区，以企事业单位和客运客户为主。

环城高速公路服务区，以私家车、物流运输客户为主。

旅游区服务区，以旅游客运、私家车客户为主。

8.1.2 高速公路服务区顾客的需求及分析

1）高速公路服务区的分析方法

（1）数据采集法。

采集前期数据，调研周边商圈，包括加油站前道路上的车流量、相邻服务区的经营现状、入站车辆类型、入站车辆数量、入站人员数量、消费结构及相关配套设施等。

（2）归纳整理法。

对采集的数据分类归纳，找出规律，绘出图表。

（3）数据分析法。

根据车流量、车型分布、车辆种类等相关信息，确定客户资源类型及规模。

根据客户资源类型及车型分布分析客户需求，推断功能配置。

根据地理位置、周边环境、市场调研分析等因素，定位项目。

根据车流量、车型分布、驶入率等数据参数，确定规模。

（4）计算方法。

通过计算，算出各项服务的需求量，如停车位、卫生间（男、女蹲位）、餐饮、超市、住宿，油品等需求指标。

a.停车场计算公式。

各类车停车位数量＝预测交通流量×高峰率/周转率×驶入率

b.入厕人数计算公式。

M＝停车位数量×入厕率×平均每车人数

c.就餐人数计算公式。

M＝停车位数量×平均每车人数×就餐率

d.购物人数计算公式。

M＝停车位数量×平均每车人数×购物率

e.每日购物人数计算公式。

M＝进站车辆数量×平均每车人数×购物率

2）高速公路服务区需求确认

高速公路服务区的需求包括是人、车的需求之和。

（1）初步确认需求。

为确认服务区各功能区设置与建设规模，根据对高速公路服务区调研和分析，将客户需求功能分为基本功能、拓展功能及可选择功能（表8-1）。

表8-1　客户需求功能分类

需求分析	
基本功能	餐饮、超市、停车场、卫生间、加油（气）、汽车服务（快修与保养）
拓展功能	住宿（洗衣服务）、公共洗浴、商务中心（传真、复印、打字、订票）、物流配送、信息服务平台、手机自动充电、加水、降温池（南方）等
可选择功能	旅游接待服务中心、商业服务中心、休闲娱乐中心、地方特产交易中心、观景休闲区、景观展示、物流信息系统、应急救援、应急医疗、户外运动场所（健身器材、篮球场、羽毛球场等）、ATM机、公共事务缴费、快递业务收取、广告等

（2）基本需求确认。

由于高速公路服务区所处的地理位置不同，面对的服务群体、消费习惯、消费能力、消费需求差异较大。为了充分满足不同消费群体的需求，确定车辆和人员的基本需求如下。

a.车辆需求。加油（气）、充气、加水、停车、维修、地磅、降温（炎热地区）等。

b.人员需求。卫生间、餐饮、购物、住宿、洗浴（洗衣）、娱乐、查询信息、充值、自助存款或取款服务等。

8.2 高速公路服务区的经营管理

8.2.1 高速公路服务区经营模式

分散经营管理、集中经营管理为高速公路服务区的主要经营模式（表8-2）。

表8-2 服务区经营模式分析对比表

经营模式	优势	劣势
集中统一管理模式	实现资源整合，解决服务区建设时资金困难问题； 实现主线建设和服务区建设同步规划和建设，达到路通桥通、服务到位； 统一管理多条路的服务区，降低经营服务区的协调成本； 统一采购及配送，降低了原材料的购买成本，提高营运利润	操作复杂，需要协调好各路段业主的利益； 前期投入需求大量资金； 需要一套懂服务区经营和企业运作的专业管理团队
分散化管理模式	操作简便，只要同承包者签署一份合同就可以获得收益； 资金投入少	难以全面监管各服务区； 经营效益少； 难以保证服务区的社会效益和整体形象

1）中西部省区分散化经营模式

中西部省区基本采取自主经营、租赁、转让为主的分散式经营方式。这种经营模式监管难以到位。以自营为主的服务区管理模式，由于缺乏监管或监管不利，效益不好的路段在高速公路通车后并没有马上开设服务区。有些即使便服务区开业了，提供的也仅有公共厕所、停车位、便利店、小餐厅等最基本的服务设备设施，根本谈不上区内环境的绿化和美化及文化氛围的营造。

在效益不好、经济欠发达地区，很多路段由于没有形成路网或是车流量少，车辆运输距离短、客源少，其服务经济效益不佳。由于缺乏统筹规划，很多服务区没有按顾客需求设计，且都设置了相同的功能，造成资产重置、资源及人力的浪费，人、财、物配置没有发挥出最优的效果。

2）发达省份集中统一经营模式

发达省份集中统一管理经营模式又称为专业化管理模式。专业化管理模式是一种委托管理模式，是指企业法人以财产权契约形式所做的部分或全部让渡，即作为委托方的企业法人财产部分或全部让渡给受委托方，从而对财产、经营权和处置权进行的有条件转移。

特点如下。

（1）提升高度公路公路资源分配水平，降低高速公路运营管理成本。

（2）提高整个高速公路行业的管理水平和用户满意度。

（3）降低高速公路投资者风险，鼓励激励社会投资。

8.2.2 高速公路服务区经营项目

服务区的功能设置是由服务项目决定的，不同服务区服务内容不同（表8-3）。服务项目选择决定着服务区未来的效益，如何科学、合理地选择服务项目是服务区设计最重要的组成部分。通过全面调研、严密论证，选择服务项目应遵循如下原则。

（1）满足目标大部分客户群体的需求。

（2）为有不同消费能力及需求的消费者提供差异化的服务，以挖掘顾客的最大消费潜力。

（3）油品销售、非油消费紧密结合与呼应，把销售机会向整个服务区延伸。

（4）最大限度地发挥油非一体化运营优势，实现油非互动的效益最大化。

（5）创造便利、舒适、激发消费欲望的消费与服务环境。

（6）满足经营需要，便于管理。

表8-3 不同服务区类型的业务内容比较

分类		功能	大型服务区	中型服务区	小型服务区
车辆服务		停车场	●	●	●
		汽车维修	●	●	—
		加水充气	●	●	●
		加油站	●	●	●
人员服务		公共厕所	●	●	●
	餐饮	快餐	●	●	●
		点餐	●	●	○
		特色餐饮	●	●	○
		茶座、咖啡座	○	—	—
	购物	超市	●	●	●
		便利店	○	○	○
		特产商店	●	●	○
	休息	普通休息厅	●	●	○
		贵宾休息厅	○	—	—
	淋浴	公共淋浴房	●	○	—
	住宿	钟点房	●	○	—
		标准间	○	○	—
	银行	营业网点	○	—	—
		自动存取款机	○	○	○
	信息服务	电子屏幕	●	●	○
		信息查询系统	●	○	○
		公共电话	●	○	○
		无线上网	●	○	○
		手机充值服务	●	○	○
	商务中心(复印、打字、传真)		●	●	—
	客运配载点		○	○	—
	手机自助充电		●	●	○
拓展服务	旅游接待服务中心		○	○	—
	商业服务中心		○	○	—
	休闲娱乐中心		○	○	—
	物流中心		○	○	—
注：●代表应选用　○代表可选用　—代表不选用					

8.2.3　高速公路服务区运营

1）高速公路服务区建设管理

最初发展的高速公路服务区都是由交通厅或交通厅委托的高速公路建设部门完成投资并建设的，由高速公路管理部门进行统一规划并经营管理。但随着高速公路建设、经营、管理体制的不断发展，当前高速公路服务区的运营与管理已经逐步建立了相对完善的管理模式。

高速公路服务区运营管理是一个繁杂的系统工程，主要包括业主自主自营、项目全部外包、部分自营等多种形式。由于我国各地区高速公路的投融资形式、管理体制、经济发展水平、经营理念差异化较大，因此所采取的运营管理模式也各不相同。当前全国高速公路服务区的经营模式主要分为分散经营管理与集中经营管理。经营方式有以下3种方式：一是全部由业主自营；二是全部外包；三是部分自营、部分租赁的方式。第一种方式，全部由业主自营，此种经营模式难度较大，需要动用较多的工作人员，员工竞争意识差，企业负担较大。由此也衍生出各业主整合服务区资源，成立专业的服务区管理公司，实施专业化的经营管理的模式。第二种方式，全部外包。把经营项目全部承包出去，业主只设立服务区监督管理委员会，负责租金的催收、日常环境卫生的监管和对外形象的考核。此种模式经营压力小，保障经济利益，但不利于维护服务区内的设施设备，不利于建立整体的社会形象。第三种方式，部分自营，部分租赁。将自营难度大、专业化程度高的项目外租（如汽修厂、特色餐饮、产品专卖等项目）。引入专业公司经营，也可利用专业公司的经营管理模式，来确保服务区的特色服务。例如，中原高速在京珠高速许昌服务区引入肯德基餐厅，起到了很好的品牌示范作用。但也可能带来知名品牌与自营项目之间不必要的运营冲突。就目前服务区发展情况而言，未来服务区的经营模式是BOT模式（build-operate-transfer）即建设—经营—转让。BOT模式包含上述运营模式，但更为规范、国际化，甚至可以吸引国际投资。目前管理部门对服务区也有一些调控政策，包括各类评分、评级等措施，同时搭配招标经营客观环境相差甚远的服务区，以确保整个路网内服务区的服务能力与服务水平的相对统一性。

2）高速公路服务区经营目标

高速公路服务区的经营情况受到多种因素的影响，概括来说有两方面：一是硬件方面因素，如线路、设施等；二是软件方面因素，如服务质量因素、管理因素、形象方面等。

高速公路服务区经营管理者主要实现两大目标：社会效益及经济效益。交通运输部在《关于加强高速公路服务设施建设管理工作的指导意见》中指出应"以提供公益服务为主""不追求商业利益"。那么，摆在经营管理者面前的问题是，如何平衡社会效益与经济效益？即在以提供公益服务为主的前提下，如何提高服务区的经营收益？根据调研及测算结果，以下因素将影响高速公路服务区经济收益。

（1）用路者需求。虽然各高速公路路段的车流量都在逐年递增，但在一段时期内，用路者的需求还是既定的，在其沿线的消费分布决定着各用路者的消费习惯和经营者的营销策略；若在沿线新开设一个服务区，将会影响半径200～300公里范围内的其他服务区的经营效益。

（2）路段。服务区的经济效益由路段车流量决定。以国内知名的服务区如阳澄湖、嘉兴服务区为例，都是因为服务区内某种特色商品的销售额大大超越了其他服务区的平均水平，表明业内非常重视服务区的盈利及管理能力。没有车流量的服务区就没有客流，也达不到一定规模的盈利水平，硬件建设及管理再完善，也只是一个有着漂亮外表的服务区而已，远达不到知名服务区的等级。

（3）营销策略。灵活的营销策略将吸引更多的人到该服务区消费。服务定位决定经营模式，经营模式影响盈利水平。在国内经济发达地区同一路线上有两座服务区，属于两个省管理分别管理。其中一个服务区美观亮丽，干净整洁，但区内客流很少，大部分顾客下车方便就行车驶出服务区。距其不远处便是分属于另一个省的服务区，建筑虽然有一定年代但是经营很有特色，区内客流熙熙攘攘，犹如市场一般，各类生意经营都十分红火。这里就体现了两个省定位不同的服务区经营理念，一个省要求以自营为主，少量服务外包；而另外一个省份就追求全方位的市场化和多元化经营，宽松的管理环境，体现了发展才是硬道理的经营理念。

（4）路段车型的构成。车型结构的不同决定顾客消费档次的不同，也直接影响加油站、餐饮、超市和其他经营项目的利润水平。通常情况下，大型车辆多则加油站生意好，长途客车多则快餐及餐饮经营红火，而小客车的大幅度增加则对特色餐饮有更多的需求。

8.2.4 高速公路服务区信息化

高速公路服务区信息化是指将先进的信息技术、控制技术、数据通信技术、传感器技术、运筹学、人工智能和系统综合技术有效地集成应用于高速公路服务区的建设和管理，使其具有获取信息、快速传输、及时通报、准确快速生成各类需求信息，及时调整以满足客户的需求。

1）加油区信息化

（1）加油站业务信息管理系统。由管理层总部系统、加油站站级管理系统、数据传输服务等多个子系统组成，建立管理部门与油站之间的信息网络，完整、及时、准确采集加油站经营数据，实现加油站零售业务管理、统计、分析信息化，资源共享。

（2）管控系统信息化。实现油站交易、结算和业务处理信息化，达到对加油站经营全面、严密、准确、精细的管理与控制，增加管理部门对加油站现场业务的管理控制能力。

（3）加油站物流管理信息化。通过以下几个信息系统的运用，实现加油站物流管理信息化。物流信息系统，做到油库到加油站的主动配送及运输、库存的优化；加油站数据采集系统，实现加油站实时库存和加油及付款数据的自动采集、远程监视及数据分析；IC卡信息管理系统，全过程的管理及监控油库出库；GIS/GPS定位系统实现物流的空间、动态管理、实时监管和优化支持。

2）综合服务区信息化

（1）贯穿通道无值守。

服务区为了自身运营管理的需要，各服务区都建有贯穿通道。为了通行费不"跑、冒、滴、漏"，通常服务区安排大量的人力、物力监管贯穿通道。但由于各服务区员工素质参差不齐，脱岗事件时有发生。鉴于现状，安装门禁式自动遥控伸缩门、远程对讲及视频监控系统，监控室远程控制现场管理，实现通道通行控制现场无人值守，对提高管理水平，节省人力开支起着积极有效的作用。

（2）影音监控无盲点。

综合服务区主楼内部、超市、餐厅收银及售饭台、服务区广场、客房服务台等处安装语音通话设备，进一步强化区内员工的文明服务流程、亲情式服务管理意识。服务区所辖范围内的监控系统做到监控无盲点，图像、声音能实时上传监控室，实现24小时全程影音监控、集中监控管理。总部及服务区管理公司等各级领导能实时查看服务区内各场区环境、运营管理、人员在岗等情况的实时图像及声音信息，同时对服务区所辖区范围内发生的意外状况通过设施设备进行留存，以便于相关单位备查。

（3）停车场智能管理。

为更加科学合理地管理停车场出入口，实现管理自动化，应对详细统计并认真分析停车场内车流量、空闲车位数量等数据，严格控制进入服务区的车辆数量，以避免服务区因超负荷运营带来的安全隐患。同时，配合路政、交警在发生事故或雨、雪、雾天封路情况下控制管理服务区。智能停车场管理系统采用先进技术和高度自动化的机电设备设施，结合顾客在停车场收费管理方面的各项需求，该系统提供了一种高效率的管理方式，为顾客提供更方便、有效、快捷的服务。

（4）电子巡更抓落实。

使用电子巡更系统后，巡检员将巡更设备靠近安装于各个巡更点的识别标签处轻轻按下，即可在巡更器中储存某人某时在何处巡逻发生何事等信息。巡更器中的数据可通过数据线或是其他设备传送到电脑系统中，管理员通过由密码保护的软件将数据读出并打印巡检报告，采取相应的管理措施。同时，电子巡更有着无接口、零功耗的无线通讯特性，不用消耗巡检器的电能即可实现数据的无线上传。电子巡更系统彻底改变了"多巡少巡一个样、巡与不巡一个样"的局面，激励了工作人员的工作自觉性，激发了工作的主动性，保证服务区内的各项安全工作落到实处。

（5）红外报警保平安。

报警系统同红外线报警器、报警主机和红外探测器几部分组成。

3）综合服务区信息化存在的问题

（1）信息传递滞后。总部管理部门无法得到服务区及时、有效、真实、全面的管理信息，因此在资源调配、运营监控、业绩评估以及经营决策等方面缺乏全面必要的数据支持，从而造成管理监管不力、资源调配困难、效果评估偏差和经营决策盲目等一系列问题。

（2）服务区内应用系统种类繁杂，但各系统信息分散、信息重复且难以统一，部分数据不共享，仍有信息盲点及信息孤岛的问题。

（3）功能薄弱的信息系统，尚未完善的运营管理流程。绩效分析与管理（KPI）、成本管理（分析）、销售分析等采集空白，无法全力支持精细化管理。

8.3　高速公路服务区的分类与布局

8.3.1　高速公路服务区的分类

1）按地理位置分类

为了更加准确地定位高速公路服务区的规模，确保服务区的设计和管理更有针对性，把高速公路服务区按所处的地理位置进行划分，共分为以下5种类型（图8-1）。

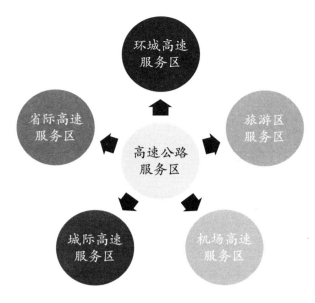

图8-1　高速公路服务区按地理位置分类

省际高速服务区——高速公路服务区修建在跨省的高速公路上。

环城高速服务区——围绕城市公路而修建的高速公路服务区。

旅游区服务区——周边有旅游区的高速公路服务区。

机场高速服务区——在通往机场的公路上修建的高速公路服务区。

城际高速服务区——连接两个或以上城市之间的高速公路服务区。

2）按建设规模分类

为了准确确定需求，使设计与需求相吻合，科学定位服务区的规模，充分利用土地，合理控制投入，在满足客户、满足经营需求的基础上，便于管理，创造最大效益，依据高速公路服务区的规模大小，可分为以下3类（表8-4）。

表8-4 高速公路服务功能

小型服务区 （2万平方米以下）	中型服务区 （2万~5万平方米）	大型服务区 （5万平方米以上）
停车场	停车场	停车场
卫生间	卫生间	卫生间
超市	超市	超市
快餐	快餐	快餐
加油（气）	加油（气）	加油（气）
加水、充气	加水、充气	加水、充气
—	汽车服务	汽车服务
—	—	汽车旅馆
—	—	其他

8.3.2 高速公路服务区的布局

在确认高度公路服务区的地理位置以后，首先需要调研服务区周边的情况。调研内容包括道路上的车流量、车型种类（各种车型的占比）、相邻服务区的距离及经营情况、距最近城市的距离等，得到相应数据后需对调研数据进行综合分析，据以确定各服务项目的需求。依据需求确定服务区的规模、征地面积、预测投资等，之后对高度公路服务区进行整体布局。布局必须围绕客户要求，实现安全、舒适、便捷、高效的服务理念。

1）布局原则

（1）最大限度地满足客户需求，体现在功能、规模、动线设计上；服务项目的选择、地面划线、导引牌位置的设置，服务区的整体绿化上。充分考虑车辆，顾客的习惯和消费流程，充分考虑顾客进入服务区所接受服务项目的先后顺序及频次，合理布局，以实现服务区的最优布局，满足不同顾客群体的消费需求，创造更大的效益。

（2）为了突出服务区的综合服务功能，吸引更多的顾客消费，综合服务区采用集中布置的形式并设置在服务区的中心位置。停车区布置在综合服务区的周边，综合服务区的正前方设置小车停车位，便于停车且不影响综合服务楼的形象。小车承载的人员相对较少便于疏通，减少人车混杂的现象；超长大车停车位设置在靠近高度公路一侧，便于车辆在进出服务区时尽量减少转弯的次数，同时便于驶入加油区接受加油服务；货车停车位设置在综合服务楼的后面，方便货车进出站，货车转弯半径大而综合服务楼后面流动人员相对较少，此路线设计合理，能够保证人员及货物的安全；大巴车停车位设置在综合服务楼靠近入口处，鉴于大巴车上人员较多，下车的乘客第一时间即可进入到综合服务区接受服务，起到快速分流人群的作用，减少服务区人车交汇的时间，全面提高服务区的安全性。

（3）强化服务区的地面划线和各种指引牌的设置位置，用绿化景观隔离服务区的分区，引导消费人流的走向，合理布置各服务区内的流程及动线设置，为顾客提供安全、舒适、明确的目标区，指引顾客快速到达目的地。

（4）加油（气）区及充气加水设备都要设置在服务区的出口位置，当车辆、顾客完成非油服务后，在驶离服务区时顺利地进入加油（气）区，接受加油（气）服务。加油（气）区的设计原则是方便快捷，具体体现在设置上大、小车分区，采用通过式加油岛的布置方式，设置一定的停车位，满足非油消费（润滑油、饮料、开票等）及充气加水业务需求。

（5）为了打造服务区的整体形象，更好地为顾客服务，营造良好的商业氛围，把简单的途经地变为顾客的休息地、消费目的地，首先应从视觉形象，消费环境，绿化景观，创造便利、舒适、激发消费欲望的服务环境入手，改变人们对高速公路服务区的认识，吸引更多的顾客进入。

（6）综合服务楼的项目设置应从实际需求出发，在最大限度满足顾客需求的同时，还应合理利用空间及照明，商品选择方便并摆放合理，营造良好的购物环境，消防安全设置等配套设施完善，以确保顾客的健康与安全。

2）高速公路服务区布局特点

（1）网点布置。服务区的网点分布不均衡，分布较密集的地区如华北、华东、华南服务区，平均每30～40公里一座；其他西北、东北等地区服务区分布比较稀疏，平均每百公里有一座。

（2）服务功能。服务功能设置差异较大，部分服务区只有超市和卫生间。规模较大的服务区功能相对齐全，包含综合服务区（包括卫生间、购物、餐饮、超市、住宿、电子商务、健身、娱乐等）、停车区、车辆快修区（保养车间和修车广场）、加油（气）区、休闲广场等服务功能。

高速公路服务区停车位的设置前应充分考虑顾客的消费习惯和业务流程，大小车分区、客车分区（尽量靠近综合服务楼卫生间）、超长车辆转弯次数最少、转弯半径最大等因素，在保证人员、车辆、货物安全的前提下，尽量多设停车位，以满足车辆快速增长的需求。高速公路服务区停车位设置特点：停车位的面积占服务区整体面积的20%左右。大车、客车、小车、超长车辆独立分区，互不干扰。车流动线顺畅，车辆进出方便。大车车辆驶入、驶出不掉头，不回转，安全顺畅。超长车辆进站停靠、加油、驶离转弯半径最大。

高速公路服务区卫生间的设置通常在综合办公楼内，少数设置独立水冲卫生间。设置卫生间的特点是蹲位数量较多，一般设有男、女独立的盥洗室且设有残疾人士专用座便。卫生间在综合办公楼内独立分区，独立开门，目的是方便顾客顺畅进出卫生间，同时保证洗手后的顾客不把手上的水带出卫生间，影响其他服务区域的卫生。服务区卫生间普遍占地面积较大，位置应醒目，卫生间的入口设置应尽量靠近客车停车区，让顾客能在第一时间到达。由于高速公路服务区流动人员多且复杂，卫生间的设备设施应具有自动化程度高，使用寿命长，检维修、更换、操作方便等特点，确保卫生间的正常运行。为了保证卫生间内人、财、物的安全，合理设置闭门器、衣挂钩等人性化设施，最大限度地满足不同群体的需求。卫生间的空气应经常置换，换气频次须满足国家标准的要求；地面应保持清洁，不积水；设备设施应定时清理，按定制化要求进行摆放。

（3）服务规模。各服务区规模发展不均衡，从几千平方米至几万平方米不等。

（4）平面布置。现有的高速公路服务区可分为3类。第一类以加油服务为主，设有卫生间和便利店。第二类是以加油服务为主，设有独立卫生间、超市、住宿、方便快餐、车辆快修等简单的综合性业务。第三类为大型服务区，设有综合性服务业务。综合服务区位于服务区中心，规划集中，大小车分区停放；采用通过式在服务区出口侧设计加油（气）区，大小车分区设置；各类设施及功能分区设置合理，标牌、标识、地面划线明确，使得车行、人行线路相互无穿插、行驶顺畅。

以占地面积8万平方米的昆明至玉溪的高速公路晋宁余家海服务区为案例。加油站前高速公路全长86.342公里，双向4车道，沿途共有呈贡、余家海、刺桐关等3个高速公路服务区。昆玉高速公路特点是途经车流量较大，进站服务的车辆较多，进服务区的顾客消费能力较强。进站车辆加水需求量大，单次加水量约为0.5吨/每车（大型车辆），顾客需求项目主要卫生间、餐饮、超市等，高速公路上各种车型的分布是货车25%、客车10%、小型车65%。这个服务区是综合服务区，服务内容涵盖超市、自助餐、点餐、特色餐饮、特产商店、母婴室、儿童娱乐房、儿童游乐场）、加油、汽车养护中心、加水、停车场（大小车、中巴车、超长车辆）等。在入口里侧是综合消费区，它采用集中布置方式，客车及小车停车区位于综合楼前面，汽油加油区位于中心位置，出口侧依次为加水区、柴油加油区、货车停车区；各功能分区单元布置先进、合理，建筑错落有致，景观、绿化美观亮丽。

3）服务区布局示例（设计示例）

（1）大型服务区（图8-2）。

图8-2　大型服务区示例

大型服务区占地面积5.5万平方米，适用于省际及省内主要干线服务区，设有超市、餐饮、汽车旅馆、汽车修理、卫生间、停车区等服务功能。

综合服务楼位于整个服务区的中心位置，综合楼前面和侧面设有小车和客车停车区，综合楼右外侧设置大车停车区，汽车宾馆和汽车修理设置在后侧，分区合理，动线顺畅，便于顾客消费。

服务区出口侧为加油区，采用通过式布置，便利大、小车辆分区加油。绿化与服务区的功能相结合，形式灵活新颖，提升视觉形象。

（2）中型服务区（图8-3）。

图8-3　中型服务区示例

中型服务区占地面积3.0万平方米，适用于省内服务区，设有超市、餐饮、汽车修理、卫生间、停车区等服务功能。

综合服务楼位于中心位置，前面和右面设置小车和客车停车区，右外侧设置了大车停车区和汽车维修，分区合理，动线顺畅，便于消费。

服务区出口侧设置加油区，采用通过式布置。绿化与服务区的功能相结合，形式灵活新颖，提升视觉形象。

（3）小型服务区（图8-4）。

图8-4 小型服务区示例

小型服务区占地面积1.4万平方米，多用于省内服务区、环城高速公路服务区，设有超市、餐饮、卫生间、停车区等服务功能。

综合服务楼位于中心位置，周边设置小车和客车停车区，后侧设置大车停车区，分区合理，动线顺畅，便于消费。

服务区出口侧为加油区，采用通过式布置。绿化与服务区的功能相结合，形式时尚新颖，提升整体服务区形象。

4）高速公路服务区布局存在的问题和解决方法

（1）高速公路服务区布局存在的问题。

a.布局不合理，缺乏整体意识。

服务区作为高速公路的一项重要组成部分，须与高速公路全线工程及相邻高速公路建设进行整体规划，统一设计，合理确定服务区网点分布、规模及功能、综合消费区、停车位的位置。但在整体高速公路设计规划中通常仅以本条高速公路的功能为首要设计前提，而对整个公路网络的认识不全。因各高速公路常分时段建设且从属于不同业主单位，建设规划间缺乏必要的沟通和协调，而缺少整体的统一规划，使得高速公路整体布局不均衡。各服务区间距不均，距离长的达150公里，距离短的仅20公里。不合理的布局导致部分服务区人员十分拥挤，而其他服务区客源不足，给司乘人员带来不便。

b.规模定位不准确。

某些服务区征地面积过小，没有为将来的改扩建预留空间，使得服务区的发展受到限制。多数服务区由建设部门设计规划，对车辆保有量、车流量增长趋势的预测不足，且对交通车流量、车型比例的认识与分析不足。随着路网建设的逐步完善，人们的旅游意识逐步增强，交通车流量以每年约为20%的速度增长，大多数早期修建的服务区现在难以满足停车、入厕、超市等最基本的需求。

c.设备设施陈旧。

服务区缺乏完善的排水系统，排水困难，影响周边环境及整体形象。生活污水通常通过污水设施处理，但设备陈旧，废水处理能力较低，排出的污水流入服务区边沟造成环境污染。服务区地面多为水泥混凝土路面，结构设计不合理或没有按照公路的使用要求设计（类似广场或采用广场地面砖）等，易出现地面破损现象。

d.内部设置不合理。

小而全的整体设计规划，重点不突出，缺失整体协调。高速公路服务区的主要功能是满足顾客停车、加油、餐饮等需求。但目前有些服务区设定的主要功能区面积过小而绿化面积过大，难以满足服务区最基本的各服务项目用地需求。使用频次较多的服务区餐厅，其厨房操作间及用餐区面积过小，但服务区住宿面积偏大，因长时间没顾客入住，造成不必要的资源及人力的浪费，功能区面积分配不合理。在服务区的出入口处仅设有一条车道，对其进行维修或保养时，进出车辆受阻，给服务区的运营及秩序维护带来困难。

e.对修建管理通道重视不够。

按照设计规范，地处平原微丘陵的路段堤坡最小高度需按百年一遇洪水频率及地下水位高度确定。同时，设计时应考虑群众生活的需要，一般路基平均高度均为3～4米，这种高度给服务区提供了修建通道的可能。但有些高速公路服务区建设没有按规范执行，仍设在路基处，只能设置人行通道或人行天桥，而无法建设车辆通道，给高速公路管理带来不必要的麻烦，致使管理成本增加。

（2）高速公路服务区布局解决方法。

a.功能的确定。

服务区的功能设置应在调研、分析、论证的基础上，充分考虑服务区的网点布置、相邻服务区的功能设置、沿途的车辆类型、消费群体特点、消费结构、周边城市及乡镇的需求，合理的设置服务项目，避免出现功能设置过剩或不足的现象。

b.网络布局、规模定位。

规划高速公路时应同时考虑服务区网络布局的设置，每50公里设有一座服务区。服务区的设计应遵循统一规划、分步实施的原则。服务区的征地及总体布局按高速公路的设计年限——20年设计，而建设规模至少应按第十年的预测交通车流量进行预测，考虑到未来的改扩建需预留一定的空间。服务区的各项设备设施应以满足顾客需求为前提，完善其服务功能。各项服务设施的建设应在考虑预测年限交通车流量，进服务区的人员数量、男女比例、停留时间、车辆数、车型比例、司乘人员需求等各个因素的基础上，提出科学合理的建设规模及服务功能。

c.各功能区的设置。

服务区的停车场应大车、小车分区设置，路面应采用不同结构形式，满足车辆承重的要求，合理控制投资。服务区建设范围内应设置完善的水处理设施，做到清污分流，防止环境污染和水土流失；体量较大的缺水服务区尽量设置雨水收集系统，作为中性水源，解决一部分生活用水。

服务区的设置尽量采用新技术、新工艺、新材料，同时要预留检维修通道、紧急疏散通道，保证人员、车辆的安全。服务区的设计应规划统一，在高速公路主体建设过程中，提前预留，为后续服务区建设提供保障。

8.4 高速公路服务区风险管控

8.4.1 高速公路服务区安全管理

1）高速公路服务区安全

食品安全、火灾是高速公路服务区常常面对的两大突出问题。如何为过往高速公路服务区的顾客提供一个集加油、餐饮、购物、方便、修理、住宿于一体，既清洁卫生又和谐安全的环境，是高速公路服务区日常工作的重中之重。关爱生命、关注健康已经是高速公路服务区探索与实践的首要课题。这项工作必须坚持"安全第一、预防为主、注重细节、防控结合"的安全综合治理方针。

2）高速公路服务区管理

制定安全防护措施，规范安全管理制度，编制安全演练预案。由于各项事故发生有突发性与偶然性，特别是不可预见性，人们往往容易产生麻痹思想，要主抓预防，防患于未然，对进出服务区的车辆及人员实行全程监控，确保不存在任何安全隐患。

服务区安全生产管理制度：一是严格执行QHSAS1800职业健康安全管理体系；二是全面执行各地区制定的高速公路服务区安全管理规章与制度；三是做好安全识别，安全生产故障预防对策，安全演练预案。

高速公路服务区是车和人的集中地，特点是流动性大，做好安全识别是做好安全工作的重要环节。高速公路服务区安全问题主要体现在几个方面：治安案件多（偷盗现象居多）；敲诈案件多（车辆维修过程中出现）；民事纠纷多（服务区同周边居民之间的矛盾）；安全设施不全、设计不合理。安全工作的开展应针对上述特点进行。

3）高速公路服务区安全管理制度

（1）保证措施。

通过设计的合理性确保行人和车辆的安全，通过管理制度的约束保证食品、卫生的安全。设计方面：采用人车分流的设计布局，从入口驶入即进行分流，超长车辆设置在靠近高速公路右一侧，小型车驶入综合办公楼前，重型车驶入综合楼后，大巴车驶入综合楼靠近入口处，形成4条独立的行车路线，使得各种车辆有序地进入停车区；通过绿化分隔各区，既确保环境美观又把各区域合理地分开，使车、人各行其道，互不交叉。通过区域划分，各经营区相对独立同时又相互关联互动，实现系统化自动化、智能化，从而保证服务区的安全。

（2）考核方式。成立安全管理小组，定期全面进行安全检查，此考核结果作为绩效工资考核的依据之一。

8.4.2　高速公路服务区风险控制

1）高速公路服务区综合服务区

（1）风险识别重要性。

对高度公路服务区进行风险识别是非常重要的，在项目的前期如果不能准确识别风险，就无法准确定位此项目规模，不容易有效预见工作中出现的问题，最终将造成投资的浪费。项目实施过程如果不能准确识别风险，当风险来临时就会措手不及，造成不必要的损失。所以风险识别是制定风险预防措施的依据和手段，在设计阶段就要逐项具体分析每个环节可能出现的风险项。

（2）风险识别方法。

a.服务项目选择风险。服务项目的选择决定服务区的规模和功能，如果需求分析不准确，使得定位有偏差，直接损失就是服务区设施闲置或运营能力不足，造成不必要的经济损失。要根据服务区的具体项目分析显性风险和潜在的风险（如食品卫生、卫生间地面、食品的保质期等），做出风险预案，达到控制风险的目的，实现运营、管理零风险。

b.投资风险。对服务区的规模确定要经过综合分析、论证，对项目建设要做可行性研究，把可能出现的风险尽量列全，分析其结果，找出应对措施及方案，避免出现项目建成后未能达到预期目的，导致项目投资失败。

c.政策风险：研究分析政策走向及相关政策法规的连续性。政策的调整，即使是细微调整都会对运营造成一定的风险。

d. 食品卫生的风险。一旦出现过期、变质、清洗不干净、包装破损等现象，将造成顾客使用后出现不适或出现不良肠胃反应的情况。

e. 员工的健康风险。加油（气）站有油气排放的风险，加工食品有油烟对身体健康的危害，人群聚集地有空气污染的风险等，应通过设计把风险降到最低，实现人性化设计，保证员工在健康的环境中工作。

f. 车辆行驶的风险。安全行车标识、地面划线不清晰，车档设置不合理，人车混杂，出现行车中车辆刮碰、碰人的危险。

g. 电气设备设施老化跑漏电的风险。避免电缆老化或操作不当、电气设备使用时间过长而出现过载，漏水造成连电，电容融化停电，掉（拉）闸等现象的发生。

h. 防盗风险。对载货汽车停放在服务区时货物保管不当而丢失的风险，商品出售被顺走的风险，住宿中物品丢失的风险等，应进行风险等级识别，加强防范措施，合理设置监控点，避免此类现象发生。

i. 设备风险。加油（气）设备使用中跑、冒、漏的风险，电气设备运行中的风险，结算系统、控制系统、监视系统等出现故障的风险等，应及时识别，定期检查维护，把设备风险控制在初期，实现设备零事故。

j. 环境风险。建设前对各服务项目应充分论证，分析是否对环境有污染的风险，如果有污染风险应调整项目的设置。服务项目在运营的过程中自然产生的垃圾或污水应采取措施，达到零污染排放。

k. 消防安全风险。设计中严格执行GB 50156-2012（2014版）《汽车加油加气站设计与施工规范》、GB 50016-2014《建筑防火规范》等标准，在设计上保证消防安全，对消防通道及消防设施做到定期检查、更换和疏通，保证服务区的消防安全。

（3）风险控制措施。

a. 制订应急预案。

制订恶劣天气、灭火、防盗防抢救援、食堂安全管理及防投毒、供电保障等一系列安全生产预案。

b.编制联合公安、卫生、消防等部门专项应急演练计划，提升应急处置能力。

2）加油（气）区

（1）风险识别。

a.政策的风险。及时掌握政策的导向，调整经营模式以适应不同时期的市场需求，把经营风险降到最低。

b.员工操作风险。执行加油站管理规定的要求，按要求进行加油作业，按要求配备劳动保护用品。

c.设备风险。定期检查、定期维修、定期更换，保证设备设施的完好性。

d.员工的健康风险。定期体检，保证环境的空气质量，做到预防为主，防患于未然。

e.防雷防静电的风险。按规定操作流程作业，按规定定期检测、定期维护，保证防雷防静电设施正常运营。

f.环境风险。设计中充分考虑50年一遇的各种自然灾害，考虑加油设备对环境的影响（采用有利于环保型双层罐、复合管材等），考虑废水废固化物的处理，增加绿化设置保证空气质量。

g.消防风险。对易燃、易爆场所进行识别，加强管理；对人群集聚地进行合理分流，分区合理，便于疏散；加强消防风险意识，定期做消防演练，把消防工作控制在零风险。

h.因运用新材料、新工艺、新设备带来的风险。为了把风险降到最低，在各方论证后方可应用到设计中。

（2）控制措施。

在HSE管理规定的基础上，组建HSE管理小组，在风险识别的基础上，制订安全应急预案。修订和完善应急预案是长期性工作，需根据情况随时编制和补充。制定操作规程，定期进行安全演练。操作中执行以下要素。

a.满足规范及地方的法律法规要求。

b. 加强员工培训及专业检查，完善规章制度。

c. 做好设备选型、保养和维护。

d. 配齐服务区员工的安全防护装备，保护员工健康。

e. 员工定期检查身体，合理安排劳动时间。

f. 了解掌握行业内的新技术、新工艺、新设备的发展及使用状况，跟踪对比使用性，为日后的设计及应用提供技术保障，尽量降低设计风险，实现采用三新设计风险为零。

专栏1：山海关服务区

1）服务区现状

（1）地理位置。山海关服务区坐落于京沈高速公路173公里处，毗邻北戴河服务区和万家服务区，距万家服务区9公里，距北戴河服务区37公里。

（2）规模。服务区共征地面积90000平方米，建筑面积6000平方米。服务区分南北两区，由通道连接。

（3）功能设置。区内设有停车位、卫生间、餐饮部、超市、客房、商务中心、汽修部、轮胎降温池、加油站。

（4）经营方式。2007年7月1日，某公司与河北国融签订合同承包了山海关服务区除成品油经营权以外所有经营项目。经营项目有餐饮、住宿、商品、汽修等。几年来，山海关服务区坚持"诚信、和谐、求实、创新、奉献、安全、文明"十四字方针，全面打造新型的京秦高速服务区窗口形象，并取得了经济效益和社会效益的双赢局面。

（5）部门及人员。下设办公室、财务室、餐饮部、商品部、客房部、保安部、后勤部等部门。工作人员包括1名经理、约135名员工。

2）服务区卫生间和停车位的设置

（1）停车位。

a.现状。

南北服务区停车位的设置不同。服务区停车位按大小车分区布置，分为3个区域。综合服务楼前靠近餐厅、超市门口设置了小车停车区，广场中心位置设置了大车、客车停车区，靠近高速公路侧设有客车及超长车辆停车区。服务区（南）在综合服务楼前的广场处，设置了一个停车区，停车位相对较少且大小车混停。

b.存在问题。

停车位设置的数量相对不足。随着高速公路收费政策的阶段性调整、车辆保有量的快速增长、人们传统观念的改变，出游车辆骤增，高速公路服务区停车位的需求在不断上涨，平时设置的停车位数量基本能够满足服务区顾客的需求，但节假日期间就供不应求。

客车与货车混停，不利于人、车、货的安全，存在安全隐患，不便于管理。客车停车位距综合服务楼、卫生间的距离偏远，人群要穿过停车位才能到达服务区域，人流、车流混行，起不到快速分流的作用，造成车流不顺畅的现象时常发生。

（2）卫生间。

a.现状。

服务区的卫生间采用与综合楼合建、独立设置卫生间两种形式同时并存的形式，最大限度地满足顾客的需求。卫生间设置蹲位男60个左右、女40多个，设有无障碍卫生间4个，4个洗手池，设备设施条件一般，基本满足顾客的需求，高峰期无长时间等待入厕现象。

b.存在问题。

随着社会的进步和发展，男女出行比例基本持平，卫生间的设置应随顾客的需求而调整，现卫生间的设置男多女少，不能满足顾客的需求，且卫生间内空气质量不好，设备设施不完善。

c.措施。

卫生间的通风设备采用人为控制，相对落后，应进行改造，实现卫生间各项控制智能化，从而保证卫生间内优良的空气质量。采用闭门器保护个人隐私，设置紧急报警按钮，当发生意外时能及时报警得到帮助等。建设中需真正体现以人为本、方便顾客的原则，以满足顾客的需求为各项工作的首要出发点。

8.5 高速公路服务区发展趋势

8.5.1 高速公路服务区网点布置趋向合理化

目前国内高速公路服务区的建设规模已基本形成，各服务区网点布置相对合理；未来高速公路服务区的网点布置将更加体现人性化、规范化、科学化，服务区的功能设置更加合理，规模分类、布局将更充分体现以人为本、方便顾客、高效便捷、经济效益最大化的建设理念，满足不同顾客的需求。例如超市及便利店出售地区礼品、电子产品、地方特产、书刊、杂志、音像制品及休闲衣服等；服务大厅还设有休闲游艺室、自动照相室、商务信息服务中心、快递送达服务以及公用电话等；服务区的餐饮服务也很丰富，有各式的美味等。

8.5.2 高速公路服务区性能的转变

服务区的性能由单一服务向综合性服务转变，实现设备设施及服务自助化管理。服务区内环境设计更加考究，绿化和景观完美组合，突出时代感，为顾客营造舒适、休闲、放松的活动场所。服务大厅内的设计充分考虑高速公路上顾客的各种需要以及周边城市（乡镇）不同顾客的休闲、购物、集会、培训等特殊需求。服务区的运营管理模式是：运营标准化，管理智能化（即将信息处理、通讯、控制以及高科技的电子技术等最新的科研成果，应用于服务区的网络中，为客户提供方便快捷的服务，同时采集大量客户信息，把信息迅速转变为需求，更好地为客户服务）。最终目的是为客户提供集健康、安全、环保于一体的休息场地，最大限度地满足不同客户的需求。

第9章　发展中的加油站非油品业务

什么样的产品符合消费者需求？产品有安全、健康、方便、实用、人性化、环保、专业、新颖独特等特性，除安全、健康因素外，现在的消费者愈加青睐便捷性的产品，偏好为生活带来便利的产品，如方便使用、方便携带的商品。方便、省时是消费者选择便利店渠道最重要的驱动因素。便利性正在催热中国的便利店，在过去5年，便利店数量快速增加。尼尔森调查的数据显示，至2015年中国已有近4.4万家便利店。便利店饱和度即每家便利店覆盖人数，直接影响着便利店的发展。在日本，每家便利店约覆盖2300人；在中国台湾，每家便利店约覆盖2000人；在上海，每家便利店覆盖4830人；而在北京，每家便利店约覆盖13900人。相比全球发达地区，中国的便利店覆盖密度依然有提升空间。随着乡村城镇化的快速发展，居民收入得到稳步提升，便利店的快速发展指日可待。

顾客来便利店消费多数为了应急性购买，因此，他们对价格的关注度比超市、卖场的购物者要低很多。为了方便，便利店购物者愿意支付更高的溢价。比起大卖场或超市，在便利店，顾客最乐意接受的促销活动是会员价、免费溢价和买满就送，而不是直接降价。现在消费者愿为便利埋单，加油站便利店商机无限。

9.1　加油站非油延伸业务的优势

加油站非油延伸业务是指加油站所开展的非油品业务，除便利店、汽车服务、快餐、广告及高速公路服务区等专项运作业务之外的经营性业务项目，包括电子商务、积分计划、汽车保险销售代理业务、彩票销售业务、便民服务、农资化肥提供等。

9.1.1 优势一：是"一站式"服务理念的体现

延伸业务是加油站"一站式"服务理念的体现。加油站发展初期就采用便利商店的形式，消费者加油购买油品是将其视作一种商品来消费的。随着汽车保有量的发展和加油站的演变，消费者对效率的要求越来越高，"简捷、快速"成为加油站经营的主要理念。在这一理念的基础上，有针对性地进行业务延伸，充分满足消费者在加油站环境下的需求，让消费者由"路过"加油站转变成将加油站看作"生活目的地"，这就对加油站提供简捷、便利、齐全的"一站式"服务有了更高的要求。

9.1.2 优势二：是加油站"因地制宜"灵活服务的体现

延伸业务是加油站"因地制宜"灵活服务的体现。延伸业务是加油站在提供油品服务和专项非油服务以外，根据不同的时间、地域和经济社会等发展环境的不同而产生服务性的业务，是对加油站业务的有力补充。我国自身幅员辽阔，结构性问题体现在各个方面，不同地区的环境、气候、经济发展、社会风俗、生活习惯等各不相同，消费者在加油时的消费诉求也各不相同。在基本的加油业务和专项非油品业务以外，针对当地、当时消费者的消费诉求及时提供相关服务，一方面能提高加油站非油品业务的利润水平，另一方面也能提升消费者对加油站的黏性，在加油站与消费者之间建立良好的互动和依存关系。

9.1.3 优势三：加油站行业战略发展的创新点

延伸业务是加油站行业战略发展的创新点。加油站行业的服务理念逐步向着更加人性化的方向发展，相关的石油企业集团在进行跨地区经营的过程中也在逐步分析当地文化、社会、经济等因素，根据具体情况开展非油延伸业务，融入当地消费者生活，以实现加油站业务的本地化。

9.2 加油站非油延伸业务的种类

9.2.1 商品发展

1）自有品牌

自有品牌是指零售企业从品牌和产品的设计、原料的选择、生产加工、经营以及销售等全过程实施监管和控制的产品，由零售企业自设生产基地或指定某一生产商进行生产，使用零售企业自己设计的品牌，在自己的卖场或者便利店进行销售，也就是零售企业的OEM产品。

目前，国内外许多零售行业已经投资于品牌管理活动，大力开发自有品牌已然成为一种趋势，以此获取显著的品牌效益。零售行业竞争越来越激烈的时代，零售企业开发自有品牌，既能为零售企业降低商品采购成本又能满足顾客追求物美价廉的商品需求，从而达到提升企业形象、提高企业利润的目的。具体从以下3个方面阐明自有品牌的竞争优势。

（1）信誉好的零售企业的自有品牌能够获得顾客的信任与认可。

一般来说，敢于使用自有品牌的零售企业往往具有一定的实力和市场销售网络，同时拥有良好的企业信誉，已在顾客心中树立了良好的品牌形象，易被顾客接受。特别是在假冒伪劣产品、食品安全问题频发的时期，信誉好的企业容易获得顾客的信任，增强与顾客的黏性。

（2）同质量低成本的自有品牌能够满足当代顾客追求质优价廉商品的需求。

质优价廉是自有品牌商品的一大优势。在信息化时代，商品的价格已经公开化、透明化，顾客在选择同质化商品或者同一品牌商品的时候，追求价格低廉，致使零售企业不断地打价格战，导致企业利润越来越低。而自有品牌商品通常都具有价格优势，在满足顾客对于质优价廉商品的需求外还能够为企业带来更多的利润。大型零售企业组织生产自有品牌商品，可免去许多中间环节，节省交易费用和流通成本；大型零售企业拥有众多的卖场或者便利店，可以大规模生产和销售，取得规模效益，降低商品的生产和销售成本；节省自有品牌商品的推广费；因为只在本销售企业的终端销售，可以省去使用其他销售渠道所支付的费用。

（3）与顾客近距离接触，能够发掘最领先、最符合当下顾客需求的商品。

市场营销的关键点就是抓住顾客的需求。零售企业直接面对顾客，能够比较准确地把握顾客的需求及市场变动趋势，从而能根据当下顾客需求特点来对商品进行规划、设计、开发和生产，这样就能领先于生产制造商，在市场竞争中先发制人，迅速占领市场，掌握竞争的主动权。

鉴于开发自有品牌有诸多优势，油品销售企业应该投入大量的财力、物力和人力来支持这项业务。

2）农资化肥

加油站销售农资化肥是指利用加油站场地，在农村周边或有需求的地区，充分发挥零售网络终端优势，开展化肥销售业务，种类主要包括化肥、复合肥以及其他相关农资产品。农资化肥的销售可以充分挖掘乡镇加油站化肥的销售潜力，培育新的利润增长点，促进化肥销售业务规范、快速和持续地发展。同时也能吸引村镇消费者在加油站进行油品和其他非油品业务的消费，有利于建设适合于村镇的典型"一站式"服务型加油站。

（1）化肥证照。

开展化肥销售需要办理相应的资质，2009年8月24日国务院发文（国务院[2009]31号《关于进一步深化化肥流通体制改革的决定》）宣布全面放开化肥流通市场，符合经营条件的企业都可在当地工商部门办理化肥经营资质。

（2）采购管理。

一般来说，企业应引导顾客逐步熟悉和使用相关品牌的化肥，如果企业本身是大型的上下游一体化集团，需培育、扩大自主品牌的消费人群和影响力，形成以销售本身品牌为主、其他品牌为补充的成熟的化肥业务运作网络。

化肥业务开展要通过用户具体需求分析确定采购品种、品牌、生产厂家和数量，确保适销对路和盈利，防止滞销和过期失效造成的损失。同时要根据当地化肥需求和品牌的培育情况确定采购品种、品牌、生产厂家和数量，实行淡储旺销相结合的策略。

（3）仓储管理。

化肥仓储库场地应具有平整、阴凉、通风和干燥等条件。封闭仓储库及半封闭仓储库必须具备防雨雪、防晒、防潮湿、防强光、防污染、防盗窃、防火灾等条件。露天仓储的货物须进行地面清扫和防潮铺垫。化肥不可与酸性物质共储，防止产生化学反应变质损坏。

化肥出库执行先进先出的原则。仓储单位要做好库存台账，做到账务、报表一致。发生移库时，仓储单位要凭移库申请审批表办理，否则严禁化肥出库。出库时，仓储单位要仔细核对品种、数量、规格、开票日期、签字、印章等内容后方可出库，并在出库单上签字确认。

（4）销售管理。

化肥销售依托加油站平台进行，可分为"加油站销售"和"送肥到点"便民服务销售两种方式。化肥和复合肥要搭配销售，在注重农民的购买习惯，满足农民需求，便于农民购买的前提下，确保品种齐全，实现效益最大化。同时做好宣传服务工作、技术支持和人员培训，开展化肥和柴油销售的互动活动，相互促进，共同提升。

3）汽车保险代理

我国汽车产业的快速发展直接带动了车险行业的蓬勃兴起，迅猛膨胀的汽车消费者群体构成了车险消费者的庞大队伍，成为日渐壮大的车险业务主要消费对象，推动了我国汽车保险市场的快速成长。我国将进入汽车拥有率迅速上升时期，承保车辆数量激增。如今车险业务已经超过财产保险业务的60%，承保车险涵盖国内外各大汽车制造商的所有车型。预计可见，随着我国汽车产业和金融服务业的紧密结合并持续高速增长，车险市场必将成为今后发展潜力极大的市场。各发达国家车险销售均主要依靠代理机构,特别是德国,由代理机构销售的保单占到总保单的87.4%。

加油站提供的商品和服务主要是针对进站的车、人所构成的生态圈,汽车保险的销售符合未来加油顾客的需求。作为汽车服务业的重要内容,汽车保险的健康发展是做大、做好汽车行业的有效助推器。加油站的油品服务、汽车服务、保险销售代理等相关业务协同发展,形成一个有机整体,实现分工制的规模经济,更有利于加油站的油非互动地推行,促进行业发展。

4)彩票销售

彩票已经成为一种喜闻乐见的健康娱乐活动,成为广大彩民日常生活不可缺少的一部分。随着社会经济的发展,必将有越来越多的新彩民加入这一队伍。1987年福利彩票开始在我国发展,而体育彩票始发于1994年,20多年来一直保持持续、稳步的发展势头。据财政部统计,2014年全国共销售彩票3823.78亿元,同比增加730.53亿元,增长23.6%。其中,体育彩票机构销售1764.10亿元,同比增加436.13亿元,增长32.8%;福利彩票机构销售2059.68亿元,同比增加294.4亿元,增长16.7%(图9-1)。

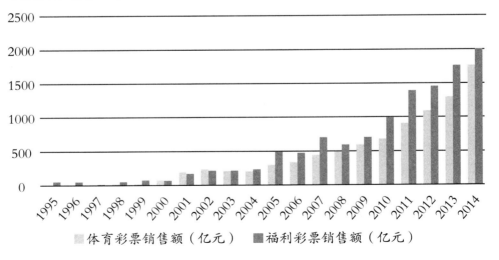

图9-1 中国彩票近20年历年销售总额

西方欧美发达国家在加油站开展彩票销售业务十分普遍，已形成成熟的运作模式。中国加油站数量巨大、覆盖全国，具备设置销售店代理销售彩票的各种基础条件。彩票的销售业务本身比较分散，开展便利，加油站可以根据自身所处的环境和业务开展彩票销售业务，使之成为便利店销售业务的一部分。这样不仅能进一步扩展加油站非油品业务，还能有效地扩大彩票销售的网点覆盖，优化彩票销售格局。

9.2.2　营销手段

1）电子商务

建立以顾客为中心的全渠道零售战略体系为非油电商业务的发展战略。非油电商定位：关注入站加油顾客的消费习惯，以顾客需求为核心，搭建全渠道零售体系，为顾客提供全面的数字化服务，利用互联网渠道进行营销和推广活动；以"人·车·生活"为核心，构建开放、合作的业务生态圈。

借助于非油电商业务发展，开辟新的销售渠道，为线下销售提供引流、互动等服务，增加顾客触点和流量入口，联合线下实体销售为顾客提供全渠道销售服务，以扩大非油品业务范围，增强经济效益。非油电商业务范围包括便利店、润滑油及车辅产品销售；同时提供汽车相关服务。非油电商业务将精选销售品类，突出企业品牌、自主品牌产品、地方特色产品、网点网络等优势，服务门类上专注于汽车后市场。非油电商业务作为非油销售业务新模式的一种探索、新的合作平台，为后续拓宽、寻找新的利润增长点做出有益尝试和探索，发展整体策略的重点将定位于移动端。

（1）加油站电子商务的特点。

a. 品牌宣传。

在加油站网络销售中的商品基本上都是具有石油公司品牌标识或者是石油公司与其他品牌合作的，这样进行网络营销的优势是以石油公司本身的品牌声誉保证产品的质量，便于消费者对产品品质进行判断。

b. 品类专一。

加油站开展电子商务业务的主要目的是进行品牌宣传和促销，因此在网络上进行销售的商品品类数量有限，基本上以与加油客户生活相关性较大的日常生活、旅行及休闲用品为主，并且是可以让更多的人看到、感知到的，具有宣传效应的外显性商品。例如：美国马拉松石油公司选择8类商品，即服装、运动帽、高尔夫用品、康乐用品、背包、水杯、办公用品和促销商品在网上供应。

c. 运输简单。

为避免商品在运输过程中的损耗，一般来说需选择不易变质、破损，简易包装、体积较小的商品。

（2）电子商务的运营。

a. 在线订购。

电子商务的主要特点是可以在网络上进行商品的选择和订购，顾客通过图片和买家、卖家的互动对商品的质量和价格信息进行判断，确定购买并形成电子订单。

b. 支付方式。

网上支付是指以金融电子化网络为基础，以商用电子化工具和各类交易卡为媒介，以电子计算机技术和通信技术为手段并通过计算机网络系统以电子信息传递形式实现的支付和流通。支付方式主要有银行卡支付方式、电子支票支付方式、第三方支付平台结算支付及电子货币支付方式。现在银行卡支付方式在运用和技术上都比较成熟，也是国内电子商务购物在线支付的最主要手段。

〇银行卡支付。

银行卡支付系统由银行卡跨行支付系统以及发卡行内银行卡支付系统组成，专门处理银行卡跨行交易清算业务。由中国银联建设和运营，具有借记卡和信用卡、密码方式和签名方式共享等特点。2004年银行卡跨行支付系统成功接入中国人民银行大额实时支付系统，实现了银行卡跨行支付的实时清算。随着我国信用卡的普及，加油站可开展银行卡支付业务以便加油站更好地为消费者提供"快捷、便利"的服务。

○石油公司加油卡支付。

石油公司的加油卡具有加油全国性、交易安全性、使用方便快捷、卡片便于管理及查询方便的特点。以加油卡为例，建立了加油卡密钥体系和安全认证机制，保障每一笔交易安全、真实、可靠。同时，对消费者客户资料加密存储，防止信息泄露。消费者只要持有效证件到加油卡发卡充值网点，即可办理加油卡开户、密码设置、备用金充值、单位账户管理、圈存、圈提、挂失、销户等业务。单位客户办理单位卡，单位卡由一张管理卡和若干张司机卡组成。通过管理卡对司机卡的管理，灵活地分配司机卡资金，查询司机卡交易记录，加强对车队用油的监控。消费者客户可到任何一发卡充值网点或门户网站查询账户余额和交易记录等。

通常来说加油卡分为记名卡和不记名卡，记名卡又分为个人记名卡、单位卡和积分卡。

c.物流配送。

现有两种通用的物流配送方式：一种是通过第三方物流配送到家的服务项目，根据不同运送范围确定配送费用，更加注重于本品牌商品的宣传作用；另一种是顾客选择在加油站站点货品自取的方式，更加体现加油站为顾客提供服务的便利性。

2）积分计划

通过会员积分体系实现非油品电商平台对客户的精确识别、精细分级与精准营销，进一步完善了零售业务积分体系，为油品和非油品的营销结合奠定了坚实的基础。非油品业务积分计划是扩展客户关系管理的重要组成部分，是零售业务产业链延伸的重要环节。非油品业务积分能够在油品业务之外，进一步扩展客户范围与规模；丰富非油积分体系的内涵，强化客户对于品牌的感知。

非油积分计划主要包括：测算非油积分价值，制定非油积分累积与兑换规则，非油积分会员等级划分，非油积分涵盖的会员资源及范围，确认潜在会员分级管理下的身份等级问题。

非油品业务积分计划从客户经营的战略高度进行规划与设计，以客户资源集聚和运营为最终目的，实现客户获取、客户营销、客户消费以及客户保有的闭环管理与运营。

（1）提升业务收入。

非油品业务积分体系以客户经营为导向，能够提升客户推广效果，刺激客户消费，全面提升业务收入。

（2）实现模式创新。

通过客户经营能够实现商业模式创新，打通线上线下资源，进一步提升客户体验。

（3）提升顾客的忠诚度，提高顾客黏性，增加顾客的购物体验。

9.2.3 建设配套

1）停车位

随着汽车保有量的快速增长，加油站的加油业务呈直线上升趋势，加油站加油高峰期持续时间越来越长，为了保证加油车辆加油后顺利驶离加油位，在适当的位置停车完成支付流程，同时实现非油品业务利润的最大化，重要措施是设置足够多的符合流程的停车位。停车位的设置对加油高峰期消峰和非油品业务的发展起到了至关重要的作用，停车位的需求日益强烈，停车位的设置将成为油站设计中的重要组成部分，是实现油非互动的基本保证和纽带，2008年以来加油站内停车位已纳入到加油站设计规划中。

加油站停车在未来的发展趋势是管理规范化、设置合理化、划线标准化、安全精细化。停车位的设置应充分考虑加油车辆的进站率，加油后的车辆进店率，进店停留时间，高峰期的车流量，顾客进店接受服务项目的频次，计算停车位的周转率。按加油岛的数量、支付形式、IC卡的使用率及站内服务项目的设置，合理确定停车位的数量及位置（如果有快餐服务，应适当增加停车位的数量），停车位的数量一般是加油岛数量的2倍左右，宜设置在加油站的出口位置，适应顾客的消费习惯。

2）卫生间

加油站非油服务项目的增加（便利店、汽车服务、快餐等），必将吸引更多的车辆进站加油、汽车保养及维护、洗车、充气、加水等，更多的人进店购买商品及快餐消费；服务项目的增加，使得顾客在店内的停留时间延长，对卫生间的需求也随之增大，使用频次增加，保持洁净的环境、配备完好的设施是吸引顾客的重要措施之一，在设备设施配备上、在服务功能选择上提出了更高的要求，应最大限度地体人性化、规范化、多元化的设计理念及最优化配置。随着科学技术的不断发展，卫生间的设备设施不断更新，程控、智能化的卫生间将成为加油站卫生间未来发展的主导。

卫生间的设置是根据加油站所处的地理位置，油品、非油品销量，进站车型分布、进店率及进站的男女比例等条件，预测卫生间的需求，根据男女的不同生理条件，确定入厕的男女比例及如厕活动时间。为了满足不同消费群体的需求，充分考虑各类人员的需要，应合理设置残疾人服务位，确定卫生间的蹲位数量，确定卫生间设备设施的配置。根据如厕人数及流量，卫生间的面积，设置换气频次并确定换气设备，以确保卫生间内无异味，通过运营管理制度的约束确保卫生间的清洁与卫生，通过科学合理的设置确保卫生间的最优环境，做到清洁、明亮、无异味。

9.2.4　便民服务

加油站便民服务主要是针对当地当时的居民需求提供的一种日常的、无偿的服务。常见的便民服务包括快递代收代发、当地天气预报、温馨提示、油品相关知识普及等。便民服务的提供意在发挥加油站的终端宣传作用，拉近加油站与消费者之间的距离，建立加油站本身的文化氛围，使之融入周边环境，更好地服务于消费者。

9.3 加油站非油品业务发展之路

9.3.1 "互联网＋"的实现

利用"互联网＋"实现站内、站外和线上、线下的销售与营销，一改坐等用户上门的情况。

2015年中国零售市场交易规模增速进一步放缓（10.7%），但仍高于全球零售市场整体增速（5.6%），它具有相对更强的活力和增长潜力，且有望在2019年成功超越美国成为全球最大的消费市场。2015年中国网络零售市场交易规模进一步增长（36.2%），增速较上年明显趋缓，2019年中国网络零售在全球网络零售中的占比有望超过50%。在物业成本、电商冲击等多种原因下，实体店的关店潮将会继续。

加油站线下客户识别为切入点，构建零售会员体系，有效支撑电子销售平台，统一线上客户入口，实施"互联网＋"，实现站内、站外和线上、线下销售与营销相融合的目标。利用"互联网＋"有效融合线上线下非油品业务、形成O2O闭环，提升线下业务运行效率。

9.3.2 特色服务和差异化产品的发展

用特色服务和差异化产品，给客户一个除"加油"以外来加油站的理由。

未来便利店行业保持良好发展态势。2016年上半年中国便利店运行情况总体保持良好态势。2016年上半年销售额同比增长10%以上的企业占38.1%；同比增长1%～10%的企业占35.7%；总体销售额同比去年保持增长的企业占比73.8%。便利店行业发展规模保持稳步增长。2016年上半年便利店仍保持较高的发展速度，新开店数量同比增长10%的企业占33.3；新开店数量同比增长1%～10%的企业占19%；超过一半的企业同比去年规模有不同程度的扩大。

未来的加油站便利店将围绕"人·车·生活"这个主题开展各方面

业务，除提供传统的商品之外，还将新增特产商品提供服务、自有商品特供业务、汽车美容服务、娱乐票务服务、代收代缴费用、代收发快递及自助存取款等差异化产品，让顾客找到除加油外其他来加油站的理由。

9.3.3　寻找提供互补产品或服务的合作伙伴

在更广泛的生态系统中寻找能提供互补产品或服务的合作伙伴，打造销售服务生态圈，让便利店价值凸显。

零售市场消费的多元化、年轻化、品质化、个性化、碎片化将是未来的发展趋势。顺应该趋势，我们也不能一味地走单一发展路线，须出全力寻找与非油品业务互补的合作伙伴，如与 4S 店合作，开拓汽车后市场，发展汽车保险业务，打造汽车服务生态圈，让加油站的非油品业务全面围绕人、车、生活展开。

9.3.4　应用互联网工具提升用户的服务体验

应用先进系统，继续提高运营和供应链效率，应用互联网工具提升用户的服务体验。

发展中的加油站非油品业务以完善客户体验为目标，打造以"油卡非润"为核心产品的线上线下综合服务平台，构建"人·车·生活"驿站。为顾客创造价值的同时，实现非油品业务的健康可持续发展。

后记

在"互联网＋"的时代浪潮冲击下，突飞猛进的科学技术正在改变人们的一切，后汽车时代离我们越来越近，传统的加油站经营方式，非油品业务发展模式，都难以适应人们对社会生活信息化、多样化、特色化、时尚化、品质化、碎片化的需求，油品企业的非油品业务作为一个刚刚起步的新业态，正在成为人们追求高品质生活的新平台，引起社会广泛关注。为了让读者全面系统地了解国内外石油企业非油品业务发展的基本情况，在编写组全体同志的共同努力下，经过3年时间的调研、讨论、酝酿和反复修改，本书终于和读者见面了。在过去，系统阐述油品企业非油品业务发展的书很少，本书的编辑出版，弥补了这个方面的空白，旨在抛砖引玉，普及知识，指导工作。

当前，国家正在推动以工业4.0为主题的升级转型，大数据、云计算、互联网的快速发展，改变了国家的经济结构和产业结构，服务业成为推动社会发展的新引擎。从长远来看，"十三五"是油品销售业务转型发展的重要时期，也是非油品业务加快发展的重要战略机遇期。在新形势下，非油品业务必将乘改革开放东风，步入全面发展快车道。如何顺应"互联网＋"时代商业模式的改革创新，打造以加油站为主体的营销网络，增强加油站商圈的吸引力；如何进行多元化经营，全面开展汽车后服务时代的各项业务，打造"人·车·生活"生态圈；如何以满足顾客需求为出发点，逐步建立完善的非油产品体系、研发体系和品牌体系，打造非油品业务核心竞争力；如何使企业顺应个性化、多样化、品质化消费趋势，运用大数据技术分析顾客消费行为，开展精准服务和定制服务；如何紧密围绕油品业务，深入开展油卡非润一体化营销，实现企业利润最大化；如何抢抓大众创业、万众创新和一带一路战略机遇，创新体制机制，进一步做强做优做大非油品业务……这些课题，都是非油品业务在将来的发展中面临的挑战和必须做好的功课。我们坚信，随着科技的不断进步和人们生活水平的日益提高，非油品业务的明天一定会更加光辉灿烂。

长江后浪推旧浪，一浪更比一浪高；车轮滚滚向前进，美好生活日日新。非油在创新，非油在发展，真诚希望该书的出版发行，让更多的社会大众了解非油，热爱非油，学习非油，研究非油，理解非油，投身非油；尤其是希望今后能够看到更多关于研究和描写非油品业务发展的前沿理论、经典实操和高品位书籍，在理论和实践的指导下，进一步开拓非油品业务发展新局面。